Manifesto do Partido Comunista

Manifesto do Partido Comunista

MARX–ENGELS

© Global Editora, São Paulo 2006
1ª Reimpressão, São Paulo 2015

Jefferson L. Alves – diretor editorial
Flávio Samuel – gerente de produção
Ana Cristina Teixeira – assistente editorial
Luiz Guasco – revisão
Mauricio Negro – projeto de capa
Spress – editoração eletrônica

Obra atualizada conforme o
NOVO ACORDO ORTOGRÁFICO DA LÍNGUA PORTUGUESA

CIP-BRASIL. CATALOGAÇÃO NA PUBLICAÇÃO
SINDICATO NACIONAL DOS EDITORES DE LIVROS, RJ

Marx, Karl, 1818-1883.
Manifesto do partido comunista / Marx, Engels. – 10. ed. rev. – São Paulo : Global, 2006.

Bibliografia.
ISBN 978-85-260-0148-0

1. Comunismo 2. Filosofia marxista 3. Política – Filosofia 4. Socialismo I. Engels, Friedrich, 1820-1895. II. Título.

06-0041   CDD–335.422

Índice para catálogo sistemático:

1. Manifesto comunista   335.422

Direitos Reservados

global editora e distribuidora ltda.
Rua Pirapitingui, 111 – Liberdade
CEP 01508-020 – São Paulo – SP
Tel.: (11) 3277-7999 – Fax: (11) 3277-8141
e-mail: global@globaleditora.com.br
www.globaleditora.com.br

Colabore com a produção científica e cultural.
Proibida a reprodução total ou parcial desta obra sem a autorização do editor.

Nº de Catálogo: **1278**

SUMÁRIO

Nota editorial 7

A Liga Comunista e o *Manifesto do partido comunista* (Franz Mehring) 11

A fundação da Liga dos Comunistas e o *Manifesto do partido comunista* (D. Riazanov) 33

Prefácios de Engels

1893, para a edição italiana 55

1892, para a terceira edição polonesa 59

1890, para a edição alemã 63

1888, para a edição inglesa 67

1883, para a edição alemã 73

Prefácios de Marx e Engels

1882, para a edição russa 75

1872, para a edição alemã 79

Manifesto do partido comunista

I – Burgueses e proletários 84

II – Proletários e comunistas 97

III – Literatura socialista e comunista 108

IV – A posição dos comunistas perante os vários partidos de oposição 119

Notas 121

NOTA EDITORIAL

Nesta nova edição do *Manifesto do partido comunista,* além de reunirmos sete prefácios históricos de Marx e Engels, incluímos dois textos sobre a época e a situação que marcaram a elaboração do *Manifesto.*

O primeiro, "A Liga Comunista e o *Manifesto do partido comunista",* corresponde às partes 6, 7 e 8 do capítulo "O exílio de Bruxelas", da célebre biografia intelectual de Marx escrita por Franz Mehring.

Mehring, o erudito e destacado historiador marxista alemão, já era um consagrado intelectual quando aderiu à social-democracia, vindo das fileiras da burguesia liberal e progressista. Tornou-se correspondente de Engels e passou a exercer importante papel no seio da intelectualidade ligada ao Partido Social-Democrata Alemão, SPD. Após a tragédia de 4 de agosto de 1914, com a traição da social-democracia alemã ao internacionalismo proletário tão profundamente defendido no *Manifesto,* Mehring colocou-se em oposição à direção oficial do partido alemão e participou, juntamente com Rosa Luxemburg e Karl Liebcknecht, entre outros, da dissidência que terminou com a formação da Liga Espartaquista, embrião do futuro Partido Comunista Alemão, KPD. Morreu em 1919, já muito idoso, profundamente abalado com o assassinato de Rosa Luxemburg e Karl Liebcknecht pelos paramilitares direitistas (grupos pioneiros dos futuros agrupamentos nazistas) com a cumplicidade do ministro Noske, um social-democrata majoritário.

O segundo texto, "A fundação da Liga dos Comunistas e o *Manifesto do partido comunista"*, refere-se à quarta conferência pronunciada por D. Riazanov para líderes operários, em 1923, na Academia Comunista em Moscou. Os textos das conferências foram depois agregados em um livro, editado no Brasil com o título *Marx-Engels e a história do movimento operário*, também pela Global Editora.

D. Riazanov, um revolucionário bolchevique, era um erudito pesquisador do marxismo e da história do movimento operário. Em seu exílio na Alemanha trabalhou com Kautsky e Bernstein nos arquivos da social-democracia, especialmente com os papéis deixados por Engels (que incluíam cartas, originais e anotações de Marx e Engels), tendo participado da reconstituição de vários textos importantes dos fundadores do materialismo histórico. Dirigiu o Instituto Marx-Engels de Moscou, após 1921, tendo sido afastado desse órgão pela direção de Stalin, quando das divergências com a chamada "oposição unificada", liderada por Trotski e Zinoviev, após 1926. Acusado de trotskista, traidor e outros pejorativos, desapareceu provavelmente morto em um dos famosos processos de Moscou na década de 1930.

A escolha desses dois textos não é aleatória. Como afirmou-se acima, o texto de Mehring é parte da primeira grande biografia intelectual de Marx, escrita praticamente por um contemporâneo. Muitas das informações colhidas por Mehring tiveram como fonte escritos e opiniões passadas diretamente pelo próprio Engels, já que Marx morrera em 1883. Contudo, como se poderá verificar no texto de Riazanov — que, como mostramos, trabalhou com os intelectuais social-democratas, depositários das fontes documentais usadas por Mehring —, as versões apresentadas por Mehring tinham muitas vezes inexatidões que mereciam ser corrigidas, na medida em que outras fontes iam sendo consultadas.

Desse modo, além do caráter extremamente importante de pioneirismo e originalidade desses dois textos, o leitor poderá verificar como, num intervalo de poucos anos, algumas lendas e distorções podem ser contestadas.

Finalmente, é importante salientar que esta edição do *Manifesto* foi feita tomando-se como base o texto publicado nas *Obras escolhidas* de Marx e Engels, de responsabilidade da Editora Vitória. Para eventuais correções e esclarecimentos foi feito um cotejamento com as seguintes edições: *Manifesto do partido comunista*, incluído em *Cartas filosóficas e outros escritos* (São Paulo: Editorial Grijalbo, 1977); *O 'Manifesto comunista' de 1848*, tradução de Regina Lúcia F. de Moraes (Rio de Janeiro: Zahar Editores, 1967), a partir da edição inglesa preparada por Harold Laski, em 1948, por ocasião do centenário de publicação do *Manifesto*; e *Manifesto do partido comunista*, tradução de Álvaro Pina (2. ed., Lisboa: Edições Avante, 1975).

[A LIGA COMUNISTA E O MANIFESTO DO PARTIDO COMUNISTA]

Franz Mehring

A LIGA COMUNISTA

Em 1847, a colônia comunista de Bruxelas tinha-se desenvolvido consideravelmente.

É certo que entre os filiados não figurava nenhum talento que pudesse comparar-se com o de Marx e Engels. Por momentos, julgavam que Moses Hess ou Wilhelm Wolff, ambos colaboradores da *Deutsche Brüsseler Zeitung,* pudesse constituir o terceiro elemento que faltava. Mas não aconteceu assim. Hess não conseguia emancipar-se das suas maquinações filosóficas e a opinião dura e reprovadora que as suas obras encontraram no *Manifesto comunista* determinou a sua ruptura definitiva com os autores.

A sua amizade com Wilhelm Wolff era mais recente, pois não chegara a Bruxelas até a primavera de 1846, mas resistiu a todos os vendavais até a extemporânea morte de Wolff. Sem dúvida, este não era um pensador original, mas como escritor tinha, perante Marx e Engels, a vantagem da sua clareza e fácil compreensão. Descendia da classe camponesa da Silésia, sujeita à vassalagem hereditária, e à custa de grandes sacrifícios conseguira ingressar na universidade, onde nutriu um grande ódio pelos opressores da sua classe, no estudo dos grandes pensadores e poetas da Antiguidade.

Depois de passar alguns anos nas prisões silesianas, como demagogo, estabeleceu-se em Breslau, dando aulas particulares, onde teve que travar renhidos combates com a burocracia e a censura, até que a perspectiva de novos processos o levou a ir para o estrangeiro, para não apodrecer nos cárceres prussianos.

Data dos tempos de Breslau a sua amizade com Lassalle. No desterro, tornou-se amigo de Marx e Engels. Os três cobriram a sua tumba com grandes glórias. Wolff era dessas nobres naturezas que, como disse o poeta, pagam pelo que são. O seu caráter firme como o carvalho, a sua lealdade inquebrantável, a sua consciência escrupulosa, o seu altruísmo imaculado, a sua modéstia nunca desmentida, faziam dele um militante revolucionário-modelo, e explicam o grande respeito com que, com amor ou ódio, falavam dele amigos e adversários.

Ainda que um pouco mais afastados, figuravam também no grupo congregado em volta de Marx e Engels, Ferdinand Wolff e Ernest Dronke, o autor de um excelente livro sobre Berlim anterior a março, condenado a dois anos de prisão por delito de lesa-majestade, que julgaram encontrar nas suas páginas, e evadido dos muros de Wesel. Igualmente pertencia ao grupo Georg Weerth, já conhecido de Engels, desde os tempos de Manchester, quando aquele residia em Bradford representando uma casa alemã. Weerth era um poeta autêntico, livre no entanto de toda a pedanteria do círculo dos poetas. Também morreu prematuramente, sem que até hoje tenha havido uma mão devota que se preocupasse em reunir os versos desse grande cantor do proletariado militante.

A esses trabalhadores do espírito rapidamente se uniram uns quantos operários manuais muito capazes, à cabeça dos quais figuravam Karl Wallau e Stephan Born, ambos tipógrafos da *Deutsche Brüsseler Zeitung*.

Bruxelas, capital de um estado que queria passar por modelo da monarquia civil, era o centro mais indicado para entabular conversações internacionais, pelo menos durante o tempo em que Paris, que continuava considerando-se foco da revolução, se encontrasse sob a ameaça das célebres Leis de Setembro. Marx e Engels mantinham em Bruxelas boas relações com os homens da revolução de 1830. Na Alemanha, sobretudo em Colônia, contavam com velhos e novos amigos, entre os quais citaremos Georg Jung e os médicos Ester e Daniels. Em Paris, Engels travou contato com o partido socialista democrático e principalmente com os seus representantes literários, com Louis Blanc e Ferdinand Flocon, diretor da *Reforma*, órgão do partido. Relações mais estreitas eram mantidas com a fração revolucionária dos cartistas ingleses, como Julian Harney, redator do *Norther Star* e Ernest Jones, formado e educado na Alemanha. Esses chefes cartistas influíam espiritualmente nos Fraternal Democrats, organização internacional na qual também estava representada a Liga dos Justos na pessoa de Karl Schapper, Joseph Moll e outros.

Em janeiro de 1847, partiu dessa liga uma iniciativa importantíssima. Organizada como Comitê de correspondência comunista em Londres, mantinha relações com o Comitê de correspondência de Bruxelas mas num plano mútuo de bastante frieza. Por um lado, reinava nela um certo receio contra os intelectuais, que não podiam saber quais eram as necessidades do operário. Por outro, alguma desconfiança contra os "ouriços", isto é, contra a limitação artesã-gremial de horizontes que fechava, em boa parte, as perspectivas da classe operária alemã, naquela época. Engels, que em Paris lutava por subtrair os "ouriços" franceses à influência de Proudhon e Weitling, tinha os "ouriços" de Londres como os únicos capazes de aceitarem a razão. Apesar de, quando no outono de 1846 a Liga dos Justos lançou uma proclamação sobre o conflito do Schleswig-Holstein, lhe ter aplicado o qualificativo de "porcaria", afirmando que os seus representantes tinham aprendido com os ingleses o absurdo de ignorar as realidades e a incapacidade para focar uma perspectiva histórica.

Passados dez anos, Marx expressava-se nos seguintes termos a respeito da atitude de então para com a Liga dos Justos:

> Publicamos ao mesmo tempo uma crítica desapiedada àquela mistura de socialismo ou comunismo franco-inglês e filosofia alemã, que constituía então a doutrina secreta do grupo, proclamando a análise científica e profunda da estrutura econômica da sociedade burguesa como a única base teórica possível, mostrando, num estilo popular, que não se tratava de implantar um qualquer sistema utópico, mas sim de participar, com consciência disso mesmo, no processo histórico de transformação da sociedade que se estava desenrolando perante os nossos olhos.

À eficácia dessas manifestações atribuiu Marx o fato de a Liga Comunista ter enviado a Bruxelas, em janeiro de 1847, um dos seus dirigentes, o relojoeiro Joseph Moll, para convidá-los — a ele e a Engels — a ingressarem na Liga, disposta a abraçar as suas ideias.

Infelizmente não se conservou nenhum desses folhetos de agitação de que fala Marx. Apenas conhecemos a circular dirigida contra Kriege, a quem, entre outras coisas, se ridiculariza como profeta e emissário de uma seita secreta, a chamada Liga da Justiça. Kriege — diz-se nessa circular — mistifica o verdadeiro desenvolvimento histórico do comunismo nos diferentes países da Europa, querendo apresentar as suas origens e progressos de um modo fabuloso e romântico, como obra das inconsistentes intrigas dessa seita, e difundindo não sei quantas fantasias megalômanas sobre as suas virtudes.

O fato de essa circular ter influído dessa maneira no ânimo da Liga dos Justos demonstra que os seus filiados eram algo mais que "ouriços", que tinham aprendido da História inglesa mais do que Engels lhes queria reconhecer. Souberam julgar a circular, apesar do mal que nela se dizia da sua "seita", bastante melhor que Weithing, o qual, apesar de não atacado, tomou logo posição a favor de Kriege. A verdade era que o tráfico cosmopolita de Londres tinha sido mais saudável para a Liga que o ar de Zurique ou de Paris. Criada para a propaganda entre operários alemães, não tardou a assumir, transplantada na grande cidade, um caráter internacional. O contato constante com os expatriados de todos os países do mundo e a observação direta do movimento cartista inglês, cada vez mais encrespado, foram aguçando os olhos dos seus dirigentes, abrindo perante eles novos horizontes e deixando para trás a ideologia artesã. Ao lado dos velhos dirigentes Schapper, Bauer e Moll e superando-os, começaram a destacar-se pelos seus dotes teóricos o miniaturista Karl Pfander, natural de Heilbronn, e o alfaiate Georg Eccarius, originário da Turíngia.

O poder, concedido pela mão e letra de Schapper e datado de 20 de janeiro de 1847, com que Moll se apresentou a Marx em Bruxelas e depois a Engels em Paris, é um documento cauteloso: autoriza o portador a informar a situação do grupo e a dar detalhes concretos sobre pontos de importância. Em palavras, o emissário expressou-se mais livremente. Convidou Marx a ingressar na organização e refutou as reservas que este em princípio lhe expôs, assegurando-lhe que a junta diretiva se propunha reunir em Londres um congresso federal com o objetivo de aprovar e proclamar, num manifesto que tornaria público, que a doutrina da Liga eram as ideias expostas por Marx e Engels. Mas era necessário que estas afastassem os elementos reacionários e antiquados, razão por que não tinham outro remédio senão incorporar-se ao grupo.

Assim o fizeram. Mas, no congresso, celebrado durante o verão de 1847, não se conseguiu, no momento, mais que uma organização democrática da Liga, própria de um grupo de propaganda que, se bem que tivesse que atuar secretamente, se mantinha afastada de todos os manejos conspirativos. A Liga organizou-se por Comunas, em que os filiados não podiam ser menos de três nem mais de dez em círculos; círculos dirigentes, junta dirigente e congresso. Como fins da organização, proclamava a derrubada da burguesia, o triunfo do proletariado, a abolição da antiga sociedade cimentada no antagonismo de classe e a criação de uma sociedade nova, sem classes nem propriedade privada.

Como competia ao caráter democrático da Liga, intitulada a partir de agora Liga Comunista, os novos estatutos submetiam-se à deliberação das diversas comunas, reservando-se a sua discussão e aprovação definitiva para um segundo congresso, que se realizaria em fins do mesmo ano e redigiria um novo programa da Liga. Marx não chegou a assistir ao primeiro congresso, mas nele figuram Engels, em representação das comunas de Paris, e Wilhelm Wolff, representando as de Bruxelas.

PROPAGANDA EM BRUXELAS

A Liga Comunista propunha-se como missão principal fundar na Alemanha associações de cultura operária que permitissem realizar propaganda pública, ao mesmo tempo que completava e reforçava os seus quadros com os elementos mais capazes dessas organizações.

A regulamentação era a mesma por toda parte. Um dia de semana destinava-se à discussão, ou a entretimento e diversões sociais (canto, declamação etc.). Além disso organizavam-se bibliotecas no seio da sociedade, e, na medida do possível, aulas para dar aos operários os conhecimentos mais elementares.

Respeitando esse mesmo padrão, fundou-se também a Associação Operária Alemã, criada em Bruxelas em fins de agosto e que não tardou a contar com cem filiados. Presidiam-na Moses Hess e Wallau, enquanto Wilhelm Wolff desempenhava as funções de secretário. A Associação realizava reuniões às quintas-feiras e domingos, à noite. Às quintas-feiras tratavam-se problemas importantes relativos aos interesses do proletariado. Aos domingos, Wolff fazia um resumo político semanal, trabalho em que depressa demonstrou grande aptidão. Depois organizavam-se diversões coletivas, em que também tomavam parte as mulheres.

Em 27 de setembro, essa associação organizou um banquete internacional, para demonstrar que os operários dos diversos países nutriam entre si sentimentos fraternais. Naqueles tempos, havia uma certa tendência para considerar o banquete como forma de propaganda política, para se subtrair à intromissão policial dos comícios. Mas o banquete de 27 de setembro tinha origens e fins particulares. Tinha sido organizado — segundo escreveu Engels a Marx, ausente naquela altura — por Bornstedt e outros elementos descontentes da colônia alemã "para nos rebaixar a um papel secundário junto dos democratas belgas e imaginar uma sociedade muito mais universal e grandiosa que a nossa miserável Associação Operária". Sem dúvida, Engels soube desarmar a tempo a manobra. Chegaram mesmo — apesar do muito que resistiu "pelo seu terrível aspecto de criança" — a nomeá-lo vice-presidente como o francês Imbert, deixando a presidência de honra do banquete ao general Mellinet e a presidência efetiva ao advogado Jottrand, ambos velhos militantes da revolução belga de 1830.

Sentaram-se à mesa cento e vinte comensais, belgas, alemães, suíços, franceses, polacos, italianos e um russo. Depois de uma série de discursos, decidiu-se fundar na Bélgica uma associação de reformistas, semelhante à dos Fraternais Democratas da Inglaterra. Para a comissão preparatória dos trabalhos foi eleito também Engels. Obrigado a abandonar Bruxelas dias mais tarde, dirigiu uma carta a Jottrand, recomendando Marx para ocupar o seu posto, já que indubitavelmente tê-lo-iam eleito, se ele tivesse estado no banquete. "Na realidade não será Marx quem vai suprir o meu lugar vago na comissão, já que eu não fazia outra coisa senão representá-lo." Com efeito, ao constituir-se definitivamente nos dias 7 e 15 de novembro, a Sociedade Democrática para a União de Todos os Povos, foram eleitos vice-presidentes Imbert e Marx, confirmando-se Mellinet e

Jottrand para a presidência de honra e efetiva, respectivamente. Os estatutos foram assinados por democratas belgas, alemães, franceses e polacos, em número de sessenta; as principais figuras alemãs, além de Marx, eram Moses Hess, Georg Weerth, os dois Wolff, Wilhelm e Ferdinand, Stephan Born e Bornstedt.

O primeiro ato público celebrado pela sociedade democrática foi o que se organizou em 29 de novembro para festejar o aniversário da revolução polaca. Em nome dos alemães falou Stephan Born, que foi muito aplaudido. Marx fez uso da palavra como representante oficial da Sociedade, no comício organizado em Londres pelos Fraternais Democratas no mesmo dia e com o mesmo objetivo. O seu discurso teve todo o tom marcadamente revolucionário e proletário:

> A velha Polônia fundiu-se, e não seremos precisamente nós quem trataremos da sua ressurreição. Mas nem só a velha Polônia se fundiu, o mesmo aconteceu com a velha Alemanha, a velha França, a velha Inglaterra, toda a sociedade do passado. Essa perda da sociedade antiga não o é para quem nela nada tinha a perder, que é o que acontece à grande maioria de todos os países atuais.

No triunfo do proletariado sobre a burguesia, Marx via o sinal para a emancipação de todas as nações oprimidas, e no triunfo do proletariado inglês sobre a burguesia inglesa o passo decisivo para o triunfo de todos os oprimidos sobre os seus opressores. Não era na Polônia onde tinham de emancipar-se os polacos, mas sim na Inglaterra. E se os cartistas conseguiam abater os seus inimigos internos, abateriam com eles toda a sociedade.

Na sua resposta à mensagem transmitida por Marx, os Fraternais Democratas expressavam-se no mesmo tom:

> O vosso representante, o nosso amigo e irmão Marx, lhes dirá com quanto entusiasmo foi saudada aqui a sua pessoa e

aclamada a leitura da vossa mensagem. Todos os olhos resplandeciam de alegria, todas as vozes gritavam a sua alegria, todas as mãos se abriam fraternalmente ao vosso representante [...] Aceitamos com a mais viva satisfação a aliança que nos proponbes. A nossa associação já tem mais de dois anos de vida sem outra divisa que esta: todos os homens são irmãos. Na festa celebrada por ocasião do último aniversário da nossa fundação, defendemos a ideia de que se criasse um congresso democrático de todas as nações, e muito nos compraz que deis expressão pública a aspirações idênticas. É necessário que contra a conspiração dos reis se levante a conspiração dos povos [...] Estamos convencidos de que para fazer triunfar a fraternidade universal teremos que nos dirigir ao verdadeiro povo, ao proletariado, aos homens que vertem dia após dia o seu sangue e o seu suor sob o avassalamento dos sistemas sociais imperantes [...] São os que habitam em cabanas, em águas-furtadas e em sótãos, os que empunham o arado, os que trabalham na fábrica, junto à bigorna, os que percorrerão um dia, os que já começaram a percorrer hoje, juntos, a mesma senda, como portadores de fraternidade e únicos salvadores possíveis da humanidade.

Os Fraternais Democratas propunham realizar um congresso democrático geral em Bruxelas, no mês de novembro de 1848, para combater de certo modo o congresso de livre-cambistas que se tinha reunido em setembro de 47 na mesma capital.

Mas não era a mensagem levada aos Fraternais Democratas a única missão que Marx tinha em Londres. Imediatamente depois do comício de homenagem à Polônia, no mesmo local, sala de reuniões da Associação Comunista de Cultura Operária, fundada em 1840 por Schapper, Bauer e Moll, realizou-se o congresso convocado pela Liga Comunista para aprovar definitivamente os estatutos e discutir o novo programa. A esse congresso assistiu também Engels, para o que veio de Paris especialmente; em 27 de novembro reuniu-se em Ostende com Marx e atravessaram juntos o canal. Depois de uns dez dias de debate, receberam ambos o encargo de resumir num manifesto para o público os princípios comunistas.

Em meados de dezembro, Marx voltou a Bruxelas e Engels, passando por Bruxelas, a Paris. Parece que não se apressaram muito a executar o encargo que lhes fora encomendado; pelo menos a junta diretiva de Londres dirigiu a 24 de janeiro de 1848 uma enérgica admoestação aos diretivos de Bruxelas, para que fizessem saber ao cidadão Marx que se procederia contra ele se no dia 1º de fevereiro não se tivesse recebido, já em Londres, o manifesto do partido comunista de cuja redação ele tinha sido encarregado. Não é possível saber com certeza a que se deveria aquele desleixo: talvez ao modo consciencioso com que Marx trabalhava ou ao afastamento geográfico de Engels; também se pode pensar que os de Londres se impacientassem ao ter conhecimento de que Marx andava desenvolvendo ativamente em Bruxelas a sua campanha de propaganda.

Em 9 de janeiro de 1848, pronunciou na Sociedade Democrática um discurso sobre o livre-câmbio. Já o queria ter pronunciado antes no congresso de livre-cambistas realizado em Bruxelas, mas sem o conseguir. Nele, demonstrava e combatia a argúcia dos livre-cambistas ao levantar como bandeira de agitação o "bem-estar da classe operária". Mas embora o livre-câmbio favorecesse em geral o capital em detrimento da classe trabalhadora, Marx, apesar disso — e por isso mesmo precisamente — reconhecia que esse sistema se ajustava aos princípios da economia política burguesa. Era a liberdade do capital, que rompia as amarras nacionais que o oprimiam para poder desenvolver plenamente, sem travas, a sua capacidade. O capital corroía as velhas nacionalidades e agudizava o antagonismo entre burguesia e proletariado. Assim, não fazia mais que acelerar a revolução social e era nesse sentido revolucionário que Marx votava pelo sistema da liberdade de comércio.

Simultaneamente, defendia-se da suspeita de ser adepto das pautas e demonstraria que ao advogar o livre-câmbio não incorria sequer em contradição com a sua defesa das pautas alemãs como medida de progresso burguês. Marx, do mesmo modo que Engels, focava o problema das pautas e do livre-câmbio de um ponto de vista estritamente revolucionário. A burguesia alemã necessitava da pauta como arma contra o absolutismo e o feudalismo, como meio de concentrar as suas forças para realizar o livre-câmbio no interior do país e para levantar a grande indústria, que não tardaria a ver-se submetida ao mercado mundial, isto é, ao livre-câmbio em maior ou menor extensão. O discurso foi entusiasticamente acolhido pela sociedade democrática, que resolveu tomar à sua conta as despesas da impressão em língua francesa e flamenga.

No entanto, mais importantes e transcendentes que esse discurso foram as conferências efetuadas por Marx na Associação Operária Alemã sobre o capital e o trabalho assalariado. Marx partia da ideia de que o salário não traduzia a participação do operário na mercadoria por ele produzida, mas era a parte das mercadorias já criadas com que o capitalista comprava uma determinada quantidade de trabalho produtivo. O preço do trabalho determina-se do mesmo modo que o preço de qualquer outra mercadoria, pelo custo de produção. O custo de produção do trabalho corrente inclui as despesas necessárias para assegurar a existência e a perpetuação do operário. A soma dessas despesas constitui o salário, submetido, como todas as outras mercadorias, às oscilações da concorrência, que umas vezes o fazem subir acima do custo de produção e outras vezes o põem abaixo. Da compensação dessas oscilações, resulta o salário mínimo.

A seguir, Marx investiga o capital. A definição dos economistas burgueses segundo os quais o capital é trabalho acumulado, é contestada nos seguintes termos:

> O que é um escravo negro? Um indivíduo de raça preta, mas que em determinadas condições se converte em escravo. Uma máquina de fiar algodão é, naturalmente, uma máquina

para fiar algodão. Torna-se necessário que ocorram condições especiais para que se converta em capital. Desligada dessas circunstâncias, a máquina não tem o caráter de capital, do mesmo modo que o ouro não é por si dinheiro, nem o açúcar é o preço do açúcar.

O capital é uma relação social de produção, uma relação de produção da sociedade burguesa. Para que uma quantidade de mercadorias, de valores de troca, assuma o caráter de capital, é necessário que se torne um poder social autônomo, isto é, na posse de uma parte da sociedade, sempre cada vez mais acrescida com a troca pela energia de trabalho imediata e viva.

A existência de uma classe que só possui a sua capacidade de trabalho é condição indispensável do capital. O império do trabalho acumulado materializado a partir do trabalho imediato e vivo é que converte o trabalho acumulado em capital. Este não consiste precisamente em pôr o trabalho acumulado ao serviço do trabalho vivo como meio para fomentar a produção. Consiste sim em colocar o trabalho vivo ao serviço do trabalho acumulado como meio de conservar e aumentar o seu valor de troca.

Capital e trabalho condicionam-se e fazem-se surgir reciprocamente.

Os economistas burgueses deduzem daqui a identidade de interesses entre o capitalista e o operário. É certo que o operário perece se o capital não lhe dá ocupação e que o capital se esboroa se não explora o operário. Quanto mais veloz for o incremento do capital produtivo, quanto mais florescer a indústria, de mais mão de obra necessita o capitalista e mais caro se vende o operário. Para que este possa viver sofrivelmente, é portanto condição necessária que o capital produtivo se desenvolva com a maior pujança possível.

Marx faz notar, nesse caso, que toda elevação sensível do salário pressupõe um aumento ainda maior do capital produtivo. Se o capital cresce, pode acontecer que os salários subam, mas o que desde logo subirá velozmente são os lucros. A situação material do operário melhorou, mas à custa da sua situação social. Assim, dizer que a condição mais propícia para os salários é o rápido incremento do capital equivale a dizer que quanto mais rapidamente a classe operária aumente e amplie a riqueza do poder inimigo que a governa, mais favoráveis serão as condições para que brindem o operário com a possibilidade de continuar trabalhando no incremento do capital e do seu poder! E aquele ainda tem que agradecer o deixarem-no forjar as cadeias de ouro com que a burguesia o arrasta atrás de si!

Sem dúvida, continua Marx, o desenvolvimento do capital e a alta do salário não são fatos tão inseparáveis como o pretendem os economistas burgueses. Não é certo que quanto mais engorde o capital melhor trate os seus escravos. O incremento do capital produtivo implica a acumulação e a concentração dos capitais. A sua centralização acarreta uma divisão do trabalho mais acentuada e um maquinismo cada vez maior. A divisão do trabalho, ao acentuar-se, destrói as aptidões especiais do operário, suplantando o seu trabalho qualificado por um trabalho que qualquer um pode realizar, aumentando assim a concorrência dentro da classe trabalhadora.

Essa concorrência agudiza-se com um sistema de divisão do trabalho que permite a um operário trabalhar por três. Ao mesmo resultado conduzem, num grau ainda mais elevado, as máquinas. Ao aumentar o capital produtivo, o industrial capitalista vê-se obrigado a trabalhar com meios cada vez maiores. Desse modo, arruína o pequeno industrial, forçando-o a entrar nas fileiras do proletariado. Além disso, como o tipo de juros baixa na proporção em que se acumulam os capitais, uma série de pequenos rentistas, que já não podem viver das suas vendas, têm que tomar o caminho da indústria e converter-se em proletários.

Finalmente, quanto mais cresce o capital produtivo, tanto mais se vê obrigado a produzir para um mercado cujas necessidades desconhece. A produção vai-se antepondo ao consumo, a oferta tende a dominar a procura, as crises são cada vez mais frequentes e mais intensas, cada vez se produzem mais terremotos industriais, dos quais o mundo comercial só pode sair mais uma vez sacrificando aos deuses do Inferno uma parte da riqueza, dos produtos e inclusive das forças produtivas. O capital não vive só do trabalho. É um senhor refinado e bárbaro. Ao mesmo tempo que arrasta consigo para a tumba os cadáveres dos seus escravos, hecatombes inteiras de operários perecem com as crises. Assim, conclui Marx, ao crescer o capital, cresce muito mais rapidamente a concorrência entre os operários e com ela decrescem na mesma proporção a ocupação e os meios de vida da classe trabalhadora, apesar de o rápido incremento do capital continuar a ser a condição mais propícia para o trabalho assalariado.

Infelizmente só se conservou esse fragmento das conferências dadas por Marx aos operários alemães de Bruxelas. No entanto, é suficiente para mostrar a seriedade e profundidade de espírito com que se realizava essa propaganda. Indiscutivelmente, não era essa a opinião de Bakunin, que, expulso da França após um discurso pronunciado no aniversário da revolução polonesa, chegou a Bruxelas naquela época. Em 28 de dezembro de 1847, escrevia a um amigo russo: "Marx continua a perder lastimosamente o tempo e lança para a perdição os operários, os quais pretende converter em pensadores. As mesmas loucuras teóricas e a mesma vaidade insatisfeita de sempre". E ainda era mais duro na opinião que tinha de Marx e Engels, numa carta dirigida a Herwegh: "Numa palavra, mentira e necessidade, necessidade e mentira. Não há modo de respirar nessa sociedade um pouco de ar fresco. Mantenho-me afastado deles e declarei de modo determinante que não quero entrar nas suas manufaturas comunistas, nem ter nada que ver com eles".

Essas palavras de Bakunin são interessantes, não pela irritabilidade pessoal que nelas parece ler-se — Bakunin formulara e ainda havia de formular sobre Marx opiniões diferentes dessas —, mas sim porque nelas se encontra latente o antagonismo que estará na origem das violentas lutas que se travariam entre esses dois revolucionários.

O 'Manifesto comunista'

Nesse meio-tempo foi enviado a Londres para a sua impressão o original do *Manifesto comunista*.

Os autores começaram os trabalhos preliminares depois de se ter definido, no primeiro congresso, a redação de um programa comunista, adiando para o segundo a sua aprovação. Era natural que os teóricos do movimento se ocupassem dessa tarefa. Marx, Engels e Hess redigiram anteprojetos com esse fim.

Deles, apenas se conservou um, acerca do que Engels escrevia a Marx, em 24 de novembro de 1847, isto é, um pouco antes da reunião do II Congresso:

> Medita um pouco na profissão de fé. Creio que o melhor seria prescindir da forma de catecismo e dar-lhe o título de *Manifesto comunista*. Como não haverá outra solução senão fazer um pouco de história, não podemos conservar a fórmula atual. Levarei o que aqui fiz, num estilo simples de relato, ainda que muito mal redigido, com uma pressa atroz.

Engels acrescentava que o projeto ainda não havia sido submetido às "comunas" de Paris, se bem que confiasse que, excetuando alguns pequenos detalhes, passasse todo. O projeto a que Engels se refere conserva no entanto, na íntegra, a sua forma de catecismo, a qual teria favorecido, mais que prejudicado, a sua fácil compreensão pelas massas. Para a agitação, no momento, reunia indiscutivelmente mais condições que o *Manifesto* atual, com o qual coincide aliás totalmente nas ideias nele desenvolvidas. Engels, ao renunciar sem vacilação às suas vinte e cinco perguntas e respostas, para dar preferência à exposição histórica do tema, julgava-se um homem consciente. O *Manifesto* em que se propagandeava o comunismo como um fato histórico universal deveria ser, nos termos de um historiador grego, uma obra perene e não um escrito polêmico de leitura fugaz.

Foi a sua forma clássica que assegurou ao *Manifesto comunista* o posto perdurável que ocupa na literatura universal. Não é que com isso queiramos, naturalmente, fazer uma concessão a esses pitorescos eruditos que, destacando umas tantas frases soltas, pretendem nos demonstrar que os autores do *Manifesto* plagiaram Carlyle, Gibbons, Sismondi e não sabemos mais quem. Tudo isso são puros desvarios. O *Manifesto* tem, a esse respeito, um caráter próprio e original como nenhuma outra obra. Claro está que não encerra uma única ideia que os seus autores não tivessem já exposto em obras anteriores. O *Manifesto* não era uma revelação: não fazia mais que resumir o ideário daqueles que o haviam escrito, num espelho cujo cristal não podia ser mais brilhante nem a sua moldura mais perfeita. Quanto ao estilo, parece que Marx teve um papel principal na sua redação definitiva, se bem que Engels, como nos demonstra o seu projeto, tinha as ideias tão claras como aquele, devendo-se considerá-lo coautor da obra, no mesmo plano.

Já se passaram dois terços de século desde que se publicou o *Manifesto*, setenta anos durante os quais o mundo passou por importantes modificações econômicas e políticas. Essas mudanças teriam que deixar a sua marca no *Manifesto*. O processo histórico seguiu, em certos aspectos, caminhos distintos e sobretudo uma marcha muito mais lenta do que a prevista pelos seus autores.

Quanto mais no futuro a sua visão penetrava, mais próximo aquele lhes parecia. Podemos afirmar, sem dúvida, que essas sombras eram indispensáveis, pois sem elas não teria brotado a luz. É um fenômeno psicológico já observado por Lessing nesses homens "que certeiramente sabem perscrutar o futuro". "Transformações para as quais a natureza necessita de milênios, hão de consumar-se, para eles, no instante das suas vidas." Marx e Engels não se enganaram por uma questão de milênios mas sim de décadas. Ao redigir o *Manifesto*, focavam o sistema de produção capitalista e o seu desenvolvimento na época, tal como ele hoje se encontra. No projeto de Engels essa ideia encontra ainda uma expressão mais acentuada que no *Manifesto*, ao dizer que nos países civilizados se exploravam industrialmente quase todos os ramos de trabalho, que em quase todos eles a manufatura tinha sido substituída pela grande indústria.

Contrastam singularmente com isso as teoriazinhas, relativamente pobres, dos partidos operários referidos no *Manifesto comunista*. O mais importante de todos, o cartismo inglês, estava contudo cheio, como os restantes, de elementos pequeno-burgueses, para já não falar do partido socialista-democrata da França. Por outro lado, os radicais suíços e aqueles revolucionários polonenses que faziam da emancipação camponesa condição prévia para a emancipação nacional, não eram mais que sombras projetadas na parede. Os próprios autores faziam notar, anos mais tarde, quão reduzido era então o campo de ação do movimento proletário, do qual se encontravam afastados principalmente a Rússia e os Estados Unidos. "Era a época em que a Rússia formava a última grande reserva da reação na Europa e em que a emigração para os Estados Unidos absorvia as forças excedentes do proletariado europeu. Ambos os países abasteciam a Europa de matérias-primas, oferecendo-se como mercado para os seus produtos industriais. Ambos representavam, sob um ou outro aspecto, pilares e pontos de apoio da ordem social da Europa." Quanto e de que modo mudou essa situação, durante uma geração, até chegar ao presente! Mas será que realmente se pode dizer que o *Manifesto* fracassou porque aquele papel altamente revolucionário que atribuíra ao regime capitalista de produção foi ainda mais extenso e potente do que o que previram os seus autores?

É evidente, por outro lado, que a cativante e magnífica exposição que se faz, no primeiro capítulo do *Manifesto*, da luta de classes entre a burguesia e o proletariado, sendo ainda, como é, uma verdade insuperável nos seus traços fundamentais, descreve de um modo bastante sumário o processo dessa luta. Hoje, não poderíamos assentar em termos tão gerais o fato de que o operário moderno — diferentemente das antigas classes oprimidas, a quem ao menos se lhes garantiam as condições dentro das quais podiam sustentar a sua vida de escravos —, longe de ganhar com os progressos da indústria, vai diminuindo cada vez mais o nível de vida da sua classe. Por mais forte que seja essa tendência no regime capitalista de produção, não se pode negar que haja certos setores da classe operária a quem a sociedade capitalista garanta um regime material de vida superior inclusive ao das camadas pequeno-burguesas.

Devemos precaver-nos, no entanto, de concluir daqui, como fazem os críticos burgueses, a falsidade da "teoria da pauperização", cujas origens se atribuem ao *Manifesto comunista*. Essa teoria, isto é, a tese segundo a qual o regime capitalista de produção depaupera as massas dos países em que predomina, existia muito antes de aparecer o *Manifesto comunista*, antes mesmo que os seus autores pusessem a caneta sobre o papel. Essa tese tinha sido sustentada pelos pensadores socialistas, pelos políticos radicais e, antes de todos os outros, pelos economistas burgueses. A lei da população de Malthus esforçava-se por justificar a "teoria da pauperização" como uma lei natural e eterna. Essa teoria refletia uma prática em que tropeçava até a legislação das classes governantes, fabricando leis de pobres e construindo bastilhas para os pobres nos locais em que a pauperização era considerada uma culpa imputável aos próprios depauperados e digna de castigo. Marx e Engels, longe de terem inventado a "teoria da pauperização", tomaram em princípio partido contra ela, pois sem negar um fato tão indiscutível e por todos comprovado como a pauperização das massas, demonstravam que esse fato não correspondia a nenhuma lei natural e eterna, mas era sim um fato histórico, o qual poderia ser e seria, mais cedo ou mais tarde, eliminado em consequência do mesmo regime de produção que o provocava.

A esse respeito, apenas faz sentido tecer uma única crítica ao *Manifesto comunista*: não ter conseguido livrar-se totalmente das sugestões da "teoria da pauperização" burguesa. Continuava a inspirar-se no critério da lei do salário, tal como a desenvolvera Ricardo sob a influência da teoria malthusiana. Daqui o desdenhoso juízo que lhe merecem as lutas pela subida de salários e as organizações sindicais operárias, nas quais apenas vê, fundamentalmente, um campo de manobras onde a massa operária se exercita para a luta política de classes. Os autores do *Manifesto comunista* não viam contudo no *bill* inglês das dez horas, como mais tarde veriam, o "triunfo de um princípio". Nas condições capitalistas não representava mais que um entrave reacionário colocado à grande indústria. Resumindo, o *Manifesto* ainda não reconhecia as leis de fábrica nem as organizações sindicais como tantas outras etapas no caminho da emancipação proletária que há de conduzir à transformação da sociedade capitalista em socialista e a que é necessário recorrer, lutando até a meta, sem o que serão estéreis os primeiros triunfos, arrancados à custa de tantos sacrifícios.

O *Manifesto*, levado por esta preocupação, exagera ao focar a reação defensiva do proletariado contra as tendências pauperizantes do regime capitalista de produção exclusivamente do ponto de vista de uma revolução política. Tendo em vista os precedentes das revoluções inglesa e francesa, esperavam que sobreviriam umas quantas décadas de guerra civil e de guerra entre povos, em cujo calor de estufa o proletariado conquistaria rapidamente a sua maioridade política.

Onde mais claramente se revela o modo de ver dos autores são as linhas dedicadas às ações do Partido Comunista na Alemanha. Aqui, o *Manifesto* advoga a unidade de frente do proletariado e da burguesia, enquanto esta atue revolucionariamente contra a monarquia absoluta, o regime feudal da terra e a pequena burguesia, mas sem descuidar, por um único instante, da tarefa de infundir na classe operária a clara consciência do antagonismo e hostilidade que separam a burguesia e o proletariado.

> Os comunistas — continua o *Manifesto* — prestam uma atenção particular à Alemanha, pois sabem que esse país se encontra em vésperas de uma revolução burguesa e que essa mudança se efetuará sob condições propícias da civilização europeia e com um proletariado muito mais potente que o da Inglaterra no século XVII e o da França do século XVIII. Assim, a revolução burguesa alemã tem o prelúdio imediato de uma revolução proletária.

Com efeito, a revolução burguesa alemã desencadeou-se logo após a saída do *Manifesto*, mas as condições em que se realizou surtiram efeito inverso ao previsto: deixaram a revolução burguesa a meio caminho, até que alguns meses mais tarde os combates parisienses de junho curaram a burguesia, e principalmente a alemã, de todas as veleidades revolucionárias.

Os dentes do tempo deixaram, como não poderia deixar de ser, alguma marca numa ou outra passagem do *Manifesto*, que se diria esculpido em mármore. Já em 1872, no prólogo de uma nova edição, reconheciam os seus próprios autores que estava "em parte antiquado", se bem que as ideias gerais nele desenvolvidas em nada tinham perdido o seu valor. Nem o perderão enquanto continuar travando-se nesse mundo o grande duelo histórico entre a burguesia e o proletariado. No primeiro capítulo desenvolvem-se, com uma mestria insuperável, os pontos de vista mais importantes desse duelo. No segundo esboçaram-se as ideias fundamentais do comunismo científico moderno e no terceiro, consagrado à crítica da literatura socialista e comunista, e ainda que o exame vá apenas até a ano de 1847, a análise é tão profunda que não surgiu desde então nem uma única tendência, dentro do socialismo ou do comunismo, a que não possa fazer-se a extensiva crítica ali desenvolvida. E até a predição do quarto e último capítulo sobre o desenvolvimento da situação na Alemanha acabou por resultar confirmada pela realidade, ainda que não fosse no mesmo sentido em que a formularam os seus autores: a revolução burguesa alemã, afogada ao nascer, não foi mais que um prelúdio do possante desenvolvimento da luta proletária de classe.

Inamovível das suas verdades fundamentais e rico de ensinamentos até nos seus erros, o *Manifesto comunista* é já um documento incorporado na história universal, através da qual ressoa, potente como o grito de guerra que fecha a sua última página:

Proletários de todos os países, uni-vos![*]

---

[*] F. Mehring, "O exílio em Bruxelas", em *Karl Marx,* vol. I (Lisboa: Editorial Presença, s/d), pp. 162-179.

[A FUNDAÇÃO DA LIGA DOS COMUNISTAS E O MANIFESTO DO PARTIDO COMUNISTA]

D. Riazanov

Marx, que havia tirado proveito de toda a ciência e filosofia de seu tempo, formulou, como vimos, um ponto de vista inteiramente novo na história do pensamento social e político do século XIX.

Quase não falei, todavia, da influência que o pensamento socialista exerceu sobre ele, porque essa influência começou a se manifestar mais tarde. Hoje exporei, ao contrário, a participação de Marx na criação da Liga dos Comunistas, tema que havia prometido desenvolver.

Pois bem: depois de haver examinado todos os antecedentes contidos nas obras de Marx e Engels sobre a história daquela liga, devo confessar que não resistem a uma crítica séria. Marx não aludiu mais que uma vez em sua vida a essa história numa obra muito pouco lida —, *O senhor Vogt*, publicada em 1860. Marx cometeu nela uma série de erros. Mas para informar-se sobre a Liga dos Comunistas se recorre quase sempre a um relato escrito por Engels em 1885. Eis aqui, mais ou menos, segundo Engels, como se representam os fatos.

Houve uma vez dois filósofos e políticos alemães — Marx e o próprio Engels — que tiveram que abandonar a Alemanha à força. Viveram na França, estiveram na Bélgica e escreveram sábias obras que, depois de atrair a atenção dos intelectuais, se difundiram entre os operários. Um belo dia, estes se apresentaram ante os filósofos, que tranquilamente sentados em seus gabinetes, conservando-se afastados da ação vulgar, e como formalmente convém a depositários da ciência, esperavam orgulhosos que os operários fossem buscá-los. A desejada hora chegou quando os operários se dirigiram a Marx e Engels convidando-os a unir-se a eles. Ambos declararam que não o fariam senão quando seu programa fosse aceito. Os operários consentiram, organizaram a Liga dos Comunistas e, imediatamente, encarregaram Marx e Engels do *Manifesto comunista*.

Esses operários pertenciam à Federação dos Justos, da qual falei em minha primeira conferência sobre a história do movimento operário na França e na Inglaterra. Como disse, essa organização estava constituída em Paris e havia sido submetida a duras provas depois da infrutífera tentativa de insurreição dos blanquistas, em 12 de maio de 1839. Após essa derrota seus membros radicaram-se em Londres. Encontrava-se entre eles Schapper, que organizou em fevereiro de 1840 a Sociedade de Educação Operária.

Para dar uma ideia melhor acerca da maneira como habitualmente se relata essa história, vou ler um fragmento do folheto de Steklov sobre Marx:

> Residindo em Paris, Marx mantinha relações pessoais com os dirigentes da Federação dos Justos, formada por exilados políticos e artesãos, mas não se filiava a ela porque o programa da Federação não o satisfazia devido a seu espírito idealista e temerário.
>
> Mas, pouco a pouco, produziu-se na Federação uma evolução que a aproximou de Marx e Engels, que por conversações, por correspondência e também pela imprensa influíram sobre as opiniões políticas de seus membros. Em alguns casos excepcionais, os dois amigos deram a conhecer seus pontos de vista por meio de circulares impressas. Depois da ruptura com o revoltoso Weitling e a "crítica severa dos teóricos inconsistentes", ficou preparado o ambiente para a entrada de

Marx e Engels na Liga. O primeiro congresso, que aprovou o nome de Liga dos Comunistas, foi assistido por Engels e W. Wolff; do segundo, convocado em novembro de 1847, participou o próprio Marx.

Depois de haver escutado o discurso em que Marx expôs a nova filosofia socialista, o congresso o encarregou de elaborar, com Engels, o programa da Liga. Assim, surgiu o célebre *Manifesto comunista*.

Steklov limita-se a repetir o que escreveu Mehring que, por sua vez, repete o que nos conta Engels. E como não acreditar neste último? Com efeito: quem melhor que ele, que participou na organização de uma empresa, pode contar sua história? No entanto, devemos submeter a um exame crítico as palavras de Engels, como as de qualquer historiador, com maior razão quando se sabe que escreveu essas páginas quase quarenta anos após terem ocorrido os episódios que descreve. Em tal espaço de tempo é fácil esquecer algo, sobretudo se se escreve em condições materiais e espirituais completamente distintas.

Existem outras circunstâncias que em nada concordam com aquela narração. Marx e Engels não eram teóricos puros como os apresenta Steklov. Ao contrário, Marx apenas compreendeu que quem julga necessário transformar radicalmente o atual regime social, não pode apoiar-se senão no proletariado como classe que, por suas condições de existência, encontra todos os estimulantes para a luta contra o dito regime e portanto recorreu aos meios operários, esforçando-se por penetrar com seu amigo em todos os lugares e organizações em que os trabalhadores estavam submetidos a outras influências. Sendo assim, infere-se que existiam então essas organizações. Examinemo-las.

Ao historiar o movimento operário me detive nas proximidades do ano de 1840. Depois da derrota de maio de 1839, a Federação dos Justos deixou de funcionar como organização central e, em todo caso, a partir de 1840, não se encontram mais indícios de sua existência ou atividade como tal. Restaram somente círculos isolados — de um dos quais, o de Londres, já falamos —, organizados por alguns antigos membros da Federação. Outros membros, sobre os quais Wilhelm Weitling exercia grande influência, refugiaram-se na Suíça.

Alfaiate de profissão, Weitling, um dos primeiros artesãos revolucionários alemães, como muitos outros daquela época, andava de cidade em cidade até que em 1837 se estabeleceu em Paris, onde já havia estado em 1835. Filiou-se à Federação dos Justos e estudou aí as teorias de Lamennais, representante do socialismo cristão, de Saint-Simon e de Fourier. Em Paris, ligou-se também a Blanqui e seus adeptos. Em fins de 1838 escreveu, a pedido de seus companheiros, o folheto *Como é e como deveria ser a humanidade*, no qual já defendia as ideias comunistas.

Depois de sua infrutífera tentativa de estender a propaganda à Suíça francesa e logo à Suíça alemã, começou, com alguns companheiros, a organizar círculos entre os operários e os exilados alemães. Em 1842, publicou sua principal obra, *As garantias da harmonia e da liberdade*, na qual desenvolveu as ideias expostas em 1839 que, no entanto, não vamos comentar aqui.

Weitling distinguia-se dos demais utopistas de seu tempo na medida em que — influenciado em parte por Blanqui — não acreditava na possibilidade de se chegar ao comunismo pela persuasão. A nova sociedade, cujo plano havia elaborado em todos os seus detalhes, seria alcançada unicamente pela violência. Quanto mais rapidamente se destruir a sociedade existente, mais rapidamente se libertará o povo, e o melhor meio para se chegar a essa situação era, no seu modo de ver, levar a extremos a desordem social existente. O elemento mais seguro, o mais revolucionário, capaz de derrubar a sociedade, era, segundo Weitling, o proletariado desocupado, o *lumpenproletariat* e até os bandidos.

Na Suíça, Bakunin, que abrigava algumas dessas ideias, encontrou Weitling e conheceu suas teorias. Quando, na primavera de 1843, Weitling foi preso em Zurique e processado com seus adeptos, Bakunin viu-se comprometido com a causa e foi obrigado a emigrar.

Cumprida a pena, Weitling foi repatriado em maio de 1844. Depois de inumeráveis vicissitudes, conseguiu, saindo de Hamburgo, chegar a Londres, onde foi acolhido com grande pompa. Em sua homenagem foi organizada uma grande assembleia, à qual assistiram, além dos socialistas e cartistas ingleses, exilados franceses e alemães. Era a primeira grande assembleia internacional realizada naquela cidade e deu a Schapper a oportunidade de organizar, em outubro de 1844, uma sociedade internacional que adotou o nome de Sociedade Democrática para a União de Todos os Povos. Dirigida por Schapper e seus amigos mais próximos, se propunha a colocar em contato os revolucionários de todos os países, estreitar vínculos fraternos entre distintos povos e conquistar os direitos políticos e sociais.

Weitling permaneceu em Londres quase um ano e meio. A princípio gozava de muita ascendência na sociedade operária londrina, onde eram discutidos apaixonadamente todos os problemas da época, mas não demorou a encontrar forte oposição.

Seus velhos companheiros, como Schapper, Bauer e Moll, durante a separação haviam se familiarizado com o movimento operário inglês e estavam influenciados pelas doutrinas de Owen.

Para Weitling, como dissemos, o proletariado não constituía uma classe especial, com interesses próprios: era somente uma parte da população pobre, oprimida e, entre esses elementos pobres, o mais revolucionário era o *lumpenproletariat*. Sustentava que o banditismo era um dos elementos mais seguros na luta contra a sociedade existente. Não atribuía nenhuma importância à propaganda. Imaginava a futura sociedade como uma sociedade comunista, dirigida por um pequeno grupo de homens sagazes. Para atrair as massas, julgava necessário recorrer ao sentimento religioso; fazia de Cristo um precursor do comunismo e o respeitava como um cristão expurgado de todos os desvios que se lhe impuseram através dos séculos. Para compreender melhor as discussões que logo apareceram entre ele, Marx e Engels, convém lembrar que Weitling era um operário muito capacitado, autodidata, dono de considerável talento literário, mas que sofria de todas as deficiências dos autodidatas. Na Rússia são muitos os que se educaram como Weitling.

O autodidata, em geral, se empenha em extrair de seu cérebro algo ultranovo, alguma invenção engenhosa no mais alto grau, mas logo a experiência lhe mostra que gastou mal o seu tempo e forças consideráveis, para não fazer outra coisa senão descobrir a América. Chega a buscar um *perpetuum mobile* qualquer ou o meio possível de tornar o homem feliz e sábio num abrir e fechar de olhos.

Weitling pertencia a essa categoria de autodidatas. Queria encontrar a maneira de fazer com que os homens assimilassem quase instantaneamente não importa qual ciência. Queria criar uma língua internacional. Característica notável: um outro operário autodidata, Proudhon, também havia empreendido essa tarefa. É difícil, às vezes, saber o que Weitling preferia, o que adorava mais, se o seu comunismo ou o seu idioma universal. Sentindo-se verdadeiro profeta, não suportava crítica alguma e tinha um receio particular dos homens instruídos, que acolhiam com ceticismo sua mania.

Em 1844, Weitling era um dos homens mais populares e conhecidos não só entre os operários, mas também entre os intelectuais alemães. Heine, o célebre poeta, deixou uma página singular sobre seu encontro com o famoso alfaiate:

> O que mais feriu minha altivez foi a incivilidade do moço para comigo durante a conversação. Não tirou o chapéu e, enquanto eu permanecia de pé, ele estava sentado num banco, segurando o joelho direito na altura do queixo, e, com a mão livre, não parava de coçá-lo.
>
> Supus que essa posição desrespeitosa fosse um hábito adquirido na prática de seu ofício, mas logo vi que me enga-

38

nava. Como lhe perguntasse por que não parava de coçar o joelho, respondeu-me, num tom indiferente, como se se tratasse da coisa mais habitual, que nas diversas prisões alemãs onde havia estado, era preso com correntes, e como o anel de ferro que lhe prendia o joelho era muito estreito, tinha produzido um comichão que o obrigava àquele exercício [...]

Confesso: retrocedi uns passos quando esse alfaiate, com sua familiaridade repulsiva, me contou essa história sobre as correntes das prisões [...] Estranhas contradições do coração humano! Eu, que um dia havia beijado respeitosamente em Munster as relíquias do alfaiate Leyde, os grilhões que o haviam prendido, as tenazes com que o torturaram; eu, que me havia entusiasmado por um alfaiate morto, sentia uma invencível repugnância por esse alfaiate vivo, por esse homem que era sem dúvida um apóstolo e um mártir da mesma causa pela qual padeceu o glorioso Leyde.

Embora essa descrição não faça honra a Heine, mostra a profunda impressão que Weitling produziu no poeta, mimado por inumeráveis aduladores.

Heine aparece, nessa circunstância, como o grande senhor da arte e do pensamento, que considera com curiosidade, e não sem repugnância, esse tipo de lutador, estranho para ele. Com essa mesma curiosidade ociosa, nossos poetas de outra época examinavam um bolchevique.

Pelo contrário, um intelectual como Marx adotava outra atitude em relação a Weitling, a quem julgava talentoso, porta-voz das aspirações desse proletariado cuja missão histórica ele mesmo acabara de formular. Vejamos como escrevia sobre Weitling antes de conhecê-lo:

Que obra, sobre o problema de sua emancipação política, poderia a burguesia (alemã), inclusive seus filósofos e literatos, contrapor à de Weitling, *As garantias da harmonia e da liberdade*? Compare-se a mediocridade esquálida e fanfarrona da literatura política alemã com essa brilhante iniciativa dos operários alemães, comparem-se essas botas de sete léguas do proletariado principiante com os pequenos sapatos da burguesia e se verá no proletariado subjugado o atleta futuro de gigantesca estatura.

Naturalmente, Marx e Engels deviam procurar relacionar-se com Weitling. No verão de 1845, ambos os amigos, durante sua curta estada na Inglaterra, haviam se relacionado com os cartistas e com os exilados alemães, mas não se sabe, com certeza, se encontraram Weitling, que vivia em Londres. De qualquer modo, até 1846, quando foi a Bruxelas, onde Marx havia se estabelecido no ano anterior, ao ser expulso da França, não se vincularam estreitamente.

Marx já havia se dedicado ao trabalho de organização, para o qual Bruxelas oferecia grandes facilidades devido à situação de estação intermediária da Bélgica, entre a França e a Alemanha. Entre os operários temporariamente estabelecidos em Bruxelas, vários eram homens muito inteligentes.

Marx não tardou em conceber a ideia de convocar um congresso de todos os comunistas, para criar a primeira organização comunista geral. Esse congresso devia realizar-se em Verviers, cidade situada perto da fronteira alemã, de modo que fosse de fácil acesso aos alemães. Não se pode determinar exatamente se, na realidade, levou-se a cabo o congresso. Mas todos os preparativos haviam sido feitos por Marx muito tempo antes que os delegados da Federação dos Justos chegassem a Londres para convidá-lo a ingressar nela. Na verdade, Marx e Engels atribuíam também grande importância à conquista dos círculos influenciados por Weitling e não pouparam esforços para estabelecer com eles uma plataforma comum. Suas tentativas terminaram, sem dúvida, numa ruptura, cuja história nos foi contada por um compatriota nosso, que em viagem à França passou então por Bruxelas. Refiro-me ao crítico russo P. Annenkov que, se em certo momento foi admirador de Marx, não tardou em deixar de ser revolucionário.

Annenkov nos legou um curioso relato de sua estada em Bruxelas, na primavera de 1846, relato que contém muitas mentiras, mas também certa parte de verdade. Dali o extrato de uma sessão na qual Marx e Weitling discutiram violentamente.

Gritava-lhe Marx golpeando a mesa com o punho: "a ignorância nunca ajudou ninguém, nem tem sido útil para qualquer coisa". Essas palavras são muito verossímeis. Com efeito, como Bakunin, Weitling se opunha ao trabalho preparatório de propaganda sob o pretexto de que os pobres sempre estavam dispostos à revolução e, por conseguinte, esta podia ser declarada em qualquer momento, sempre que houvesse líderes resolutos. Segundo carta do próprio Weitling, nessa assembleia Marx sustentou que era necessário depurar as fileiras comunistas e fazer a crítica de todos os teóricos inconsistentes, declarando que se devia renunciar a todo socialismo apoiado exclusivamente na boa vontade; que a realização do comunismo estaria precedida por uma época durante a qual a burguesia deteria o poder.

Vê-se assim que as divergências teóricas entre Marx, Engels e Weitling eram quase as mesmas que as que se manifestaram entre os revolucionários russos, quarenta anos depois.

Em maio de 1846, o rompimento definitivo com Weitling aconteceu, e este partiu em seguida para Londres, de onde foi para a América, ficando até a revolução de 1848.

Com a ajuda de outros companheiros, que se haviam aproximado por essa época, Marx e Engels prosseguiram seu trabalho de organização. Criaram em Bruxelas a Sociedade de Educação Operária, na qual Marx proferiu, para os operários, conferências sobre economia política. Além de certo número de intelectuais, entre os quais se distinguiam Wolff (a quem Marx dedicou mais tarde o primeiro volume de *O capital*) e Weidemeyer, permaneciam em Bruxelas operários como Born, Vallan, Seiler e outros.

Com base nessa organização e com a ajuda dos camaradas vinculados de Bruxelas, Marx e Engels esforçavam-se para estabelecer relações com os círculos da Alemanha, Londres,

Paris e Suíça. Era o trabalho que o próprio Marx fazia em Paris. Pouco a pouco, os adeptos de Marx e Engels aumentaram. Marx concebeu então o plano de agrupar todos os elementos comunistas, pensando em transformar aquela organização nacional puramente alemã em uma organização internacional. Tinha que começar por criar em Bruxelas, Londres e Paris núcleos de comunistas que estivessem de comum acordo, os quais designariam comitês encarregados de manter relações com outras organizações comunistas. Desse modo, estabeleceriam relações mais estreitas com outros países e se prepararia o terreno para a união internacional dos comitês denominados "de correspondência comunista", por sugestão do próprio Marx.

Como os que escreveram a história do socialismo alemão e do movimento operário foram literatos, jornalistas, membros de agências informativas ou dedicados frequentemente às correspondências, acreditaram que aqueles comitês não eram outra coisa além de simples escritórios de correspondência.

Em resumo, segundo eles, Marx e Engels resolveram fundar em Bruxelas um escritório de correspondência de onde despachavam circulares. Ou melhor, como escreve Mehring em seu último trabalho sobre Marx:

> Carecendo de um órgão próprio, Marx e seus amigos se empenharam em preencher esta lacuna dentro do possível com circulares impressas. Ao memo tempo, procuraram assegurar a cooperação de correspondentes regulares nos grandes centros onde viviam comunistas. Semelhantes escritórios de correspondência existiam em Bruxelas e Londres e havia propósito de estabelecer um em Paris. Marx escreveu a Proudhon pedindo-lhe sua colaboração.

Basta ler atentamente a resposta de Proudhon para ver que se tratava de uma organização muito distante de um escritório de correspondência. E se recordarmos que esse intercâmbio epistolar ocorria no verão de 1846, resulta que, muito

42

antes de que fossem propor-lhe o ingresso na Federação dos Justos, existiam em Londres, Bruxelas e Paris organizações cuja iniciativa emanava incontestavelmente de Marx.

Recordemos o que disse sobre a sociedade de correspondência londrina organizada em 1792 por Thomas Hardy. Os comitês de correspondência, organizados pelo Clube dos Jacobinos, quando foi proibido de criar suas seções nas províncias, representavam uma instituição análoga à de Marx. Estudando e comparando esses fatos, cheguei à conclusão, já há muito tempo, de que Marx, ao fundar essas sociedades, tinha precisamente a intenção de fazer delas comitês de correspondência. E, no segundo semestre de 1846, existe efetivamente em Bruxelas um comitê muito bem organizado que atua como organismo central, ao qual se enviam informes. Reúne um grande número de membros e entre eles muitos operários. Em Paris, funciona outro, organizado por Engels, que realiza intensa propaganda entre os operários alemães; e o de Londres, dirigido por Schapper, Bauer e Moll (o mesmo que segundo dizem foi a Bruxelas seis meses depois, para convidar Marx a incorporar-se à Federação dos Justos).

E, como prova uma carta de 20 de janeiro de 1847, que enviou a Mehring, Moll foi a Bruxelas não como delegado da Federação dos Justos, mas como delegado do comitê de correspondentes comunistas de Londres, para levar-lhe um informe sobre a situação da sociedade londrina.

Foi assim que me convenci de que o relato da fundação da Liga dos Comunistas, tal como foi feito com a ajuda de Engels, e reproduzido sucessivamente em diversas obras, não passa de uma lenda que não resiste a uma crítica.

É muito parecido ao grande trabalho preparatório efetuado, principalmente por Marx, aquele que foi realizado pelos primeiros social-democratas russos meio século após, ao esforçarem-se para unir as organizações existentes. Nesse caso, a organização do *Iskra* substituía os comitês de correspondentes; e as distintas sociedades operárias, nas quais trabalham os agentes comunistas, eram substituídas pelas uniões e comitês, nos quais os elementos do comitê central procuravam entrar, para ganhá-los para sua causa.

Aos historiadores passou inadvertido esse trabalho de organização de Marx, a quem apresentaram como um pensador de gabinete; e, não conhecendo o papel de Marx como organizador, não conhecem um dos aspectos mais interessantes de sua personalidade. Se não se conhece o papel que Marx (note-se, Marx e não Engels) teve nos anos de 1846-47 como dirigente e inspirador de todo esse trabalho de organização, é impossível compreender a importância que teve logo após como organizador de 1848/49 e na época da I Internacional.

Depois da viagem de Moll a Bruxelas, quando Marx teve a certeza de que a maioria dos londrinos havia se livrado das influências de Weitling, resolveu-se, provavelmente por iniciativa do Comitê de Bruxelas, convocar o congresso em Londres, a cidade mais indicada nas circunstâncias. Foi aí que começaram a discutir e lutar as diversas tendências. Em Paris, sobretudo, onde trabalhava Engels, a disputa era muito forte. Ao ler suas cartas, qualquer pessoa se verá transportada ao ambiente russo destes últimos anos. A luta de facções que descreve lembra, de forma surpreendente, nossas discussões sobre os diferentes programas.

Uma corrente está representada por Grün, que defende o comunismo alemão ou comunismo "verdadeiro", do qual se encontra uma crítica mordaz no *Manifesto comunista*. Engels defende outro programa. Naturalmente, cada um dos adversários se esforça para conquistar maior apoio, mas Engels crê haver alcançado a vitória, não só por ter conseguido convencer os vacilantes — como faz saber ao comitê de Bruxelas —, mas porque também foi mais astuto que seus adversários e os colocou entre a espada e a parede.

O Congresso de Londres reuniu-se no verão de 1847. Marx não assistiu. Wolff representou Bruxelas e Engels, os comunistas parisienses. Os delegados eram poucos, mas nenhum permaneceu calado. Tampouco em 1898, quando se fundou o

PSDOR, no congresso de Minsk, havia mais de oito ou nove pessoas que representavam três ou quatro organizações.

Ficou resolvido agrupar-se à Liga dos Comunistas. De nenhum modo se trata da Federação dos Justos, reorganizada, como o assegura Engels. Ele se esquece que era o representante do comitê de correspondência de Paris, fundado por ele mesmo. Adotou-se um estatuto cujo primeiro parágrafo afirmava claramente esta ideia essencial do comunismo revolucionário:

> A Liga persegue a derrocada da burguesia e o domínio do proletariado, a supressão da velha sociedade burguesa no antagonismo de classes e a instauração de uma nova sociedade sem classes nem propriedade privada.

O estatuto da organização foi adotado com a condição de que fosse submetido a exame pelos distintos comitês para aprová-lo definitivamente no congresso seguinte, com as modificações que se julgasse necessário introduzir.

O princípio do centralismo democrático estava na base da organização. Todos os membros deviam professar o comunismo e ajustar sua vida aos propósitos da Liga. Um grupo determinado formava o núcleo principal do organismo, designando-o com o nome de "comunidade". Havia comitês regionais. As diferentes regiões de um país se uniam sob a direção de um centro, cujos poderes se estendiam a todo o país e que, por seu turno, devia prestar informações ao comitê central.

Essa organização chegou a ser um modelo para todos os partidos comunistas da classe operária no começo do seu desenvolvimento, mas tinha uma particularidade que desapareceu logo, embora antes de 1870 fosse encontrada entre os alemães. O comitê central da Liga dos Comunistas não era eleito por congressos. Suas faculdades de centro dirigente eram transmitidas ao comitê regional da cidade eleita pelo congresso como lugar de residência do comitê central. Assim, se o congresso escolhesse Londres, a organização dessa região elegia um comitê central de cinco membros, no mínimo, de modo que estava assegurada sua estreita vinculação com a grande organização nacional. Esse sistema reaparece mais tarde entre os alemães na Suíça e na própria Alemanha. Seu comitê central estava sempre ligado a determinada cidade, designada pelo congresso, conhecida como cidade de vanguarda.

No mesmo congresso resolveu-se também elaborar o projeto de uma "profissão de fé" comunista, que seria o programa da Liga; as distintas regiões deviam apresentar seus projetos no congresso seguinte.

Decidiu-se, ademais, editar uma revista popular. Foi esse o primeiro órgão operário de que temos conhecimento e, como veem,* ostentava abertamente o título de "comunista".

Na primeira página desta publicação, aparecida um ano antes do *Manifesto comunista*, figura a palavra de ordem "Proletários de todos os países, uni-vos!". É uma raríssima curiosidade bibliográfica. Não conheço, dessa revista, senão três exemplares: este que encontrei em 1912 e descrevi num artigo em 1914, outro encontrado mais tarde por Mayer nos arquivos da polícia berlinense e descrito por ele em 1919, e o terceiro, encontrado recentemente pelo professor Grünberg, que o publicou numa edição especial.

Essa revista apareceu uma só vez. Os artigos do primeiro e único número foram escritos principalmente pelos representantes da Liga Comunista estabelecida em Londres, que fizeram também a composição tipográfica. O editorial está redigido de forma muito popular. A linguagem fácil expõe as particularidades que distinguem a nova organização comunista das francesas e das de Weitling. Não se diz nele uma só palavra sobre a Federação dos Justos. Um artigo é dedicado ao comunista francês Cabet, autor da famosa utopia *Viagem a Icária*. Em 1847, este havia feito intensa propaganda para estabelecer na América gente disposta a criar em terra virgem uma colônia comunista

---

* O conferencista mostrou um exemplar que pertence agora ao Instituto Marx e Engels. [N. do Ed.]

conforme o modelo descrito em seu livro. Havia ido para Londres especialmente para atrair os comunistas daquela capital. O artigo submete o plano de Cabet a uma crítica minuciosa e recomenda aos operários não abandonar o continente europeu, porque só na Europa será instaurado o comunismo.

Há, além disso, um grande artigo que a meu ver deve ter sido escrito por Engels. A revista encerra com um resumo político e social, do qual indubitavelmente foi autor o delegado do comitê de Bruxelas no congresso: Wilhelm Wolff.

O segundo congresso foi realizado em Londres, em fins de novembro de 1847, e dessa vez Marx assistiu a ele. Antes que se reunisse, Engels, de Paris, havia-lhe escrito que tinha esboçado um projeto de catecismo de profissão de fé, mas que julgava mais conveniente intitulá-lo *Manifesto comunista*. Marx levou provavelmente ao congresso as teses por ele elaboradas. Ali, longe de correr tudo tão bem como descreveu Steklov, houve acaloradas discussões. Os debates duraram vários dias e Marx custou muito a convencer a maioria da justeza do novo programa, que finalmente foi aceito em seus aspectos fundamentais. O congresso o encarregou, além disso, da redação para a Liga dos Comunistas, não de uma profissão de fé, mas de um manifesto, como o havia proposto Engels. Designado pelo congresso, Marx na composição do documento aproveitou, é verdade, o projeto preparado por Engels, mas só ele assumiu a responsabilidade política do manifesto ante a Liga. E se este dá tal impressão de unidade é porque, precisamente, foi escrito por Marx. Contém, certamente, ideias concebidas em comum por Marx e Engels, mas seu pensamento fundamental, como o destacou o próprio Engels, pertence exclusivamente a Marx.

A ideia fundamental do *Manifesto,* ou seja: que a produção econômica e a estrutura social determinada fatalmente por ela constituem o fundamento da história política e intelectual de uma época histórica dada; que, por conseguinte, toda a história, desde a desagregação da comunidade rural primitiva, tem sido a história da luta de classes, ou seja, da luta entre explorados e exploradores, entre as classes oprimidas e as dominantes, nas distintas etapas da evolução social; que essa luta chegou agora a um grau em que a classe explorada e oprimida (o proletariado) não pode liberar-se da autoridade da classe que a oprime e explora (a burguesia) sem libertar, ao mesmo tempo e para sempre, toda a sociedade da exploração, da opresão e da luta de classes; essa ideia fundamental, afirmo, pertence única e exclusivamente a Marx.

Detive-me nesse ponto para que se saiba, como o sabiam a Liga dos Comunistas e Engels, que a elaboração do novo programa foi em grande parte obra de Marx e que a ele se confiou a redação do manifesto.

Possuímos uma carta interessante que, além de provar melhor tudo o que dissemos, esclarece as relações entre Marx e a organização essencialmente operária, que tinha tendência a considerar o intelectual unicamente como um homem capaz de dar forma literária ao que pensa e quer o operário.

Para que se compreenda melhor essa carta, acrescentarei que, de acordo com o estatuto do congresso, havia-se escolhido Londres como lugar de residência do comitê central, eleito, por sua vez, pela organização dessa cidade. A carta foi enviada em 26 de janeiro pelo comitê central regional de Bruxelas, a fim de que fosse transmitida a Marx. Contém a resolução adotada em 24 de janeiro pelo comitê central:

> O comitê central, pela presente, encarrega o comitê regional de Bruxelas de comunicar ao cidadão Marx que, se o manifesto do partido comunista, de cuja redação se encarregou no último congresso, não chegar a Londres antes de terça-feira, dia 1º de fevereiro do corrente ano, tomar-se-ão contra ele as medidas cabíveis. No caso de o cidadão Marx não ter realizado seu trabalho, o comitê central pedirá a devolução imediata dos documentos postos à disposição de Marx.
>
> Em nome e por mandato do Comitê Central:
>
> *Schapper, Bauer e Moll.*

Por essa carta imperativa, vê-se que Marx, no final de janeiro, não havia ainda cumprido a tarefa que lhe fora confiada em princípios de dezembro. É uma característica de Marx: apesar de todo o seu talento literário, não tinha facilidade para o trabalho. Elaborava sempre longamente suas obras, sobretudo se se tratasse de um documento importante. Nesse caso, o queria perfeitamente redigido, de modo que pudesse resistir à ação do tempo. Temos uma página de um dos seus originais que prova quanto cuidado punha em cada frase.

O comitê central não teve que adotar sanções. Marx conseguiu terminar seu trabalho em princípios de fevereiro. É um feito digno de ser recordado. O *Manifesto* apareceu na segunda quinzena do mesmo mês, ou seja, alguns dias antes da revolução de fevereiro, de maneira que não pôde ter influência alguma na preparação desse acontecimento e, como os primeiros exemplares não chegaram à Alemanha senão em maio/junho de 1848, compreende-se que tampouco pôde ter grande influência sobre a revolução alemã. Nessa época, só um reduzido grupo de comunistas de Bruxelas e Londres o conhecia e compreendia.

Permitam-me agora que diga algumas palavras sobre o conteúdo do *Manifesto*. É o programa da Liga Internacional dos Comunistas, de cuja composição temos algumas referências. Compreendia belgas e cartistas inclinados para o comunismo, mas sobretudo alemães.

O *Manifesto* devia considerar não um país qualquer isoladamente, mas o mundo burguês em seu conjunto, perante o qual, pela primeira vez, os comunistas declarariam abertamente seus propósitos.

O primeiro capítulo é uma exposição brilhante e precisa da sociedade burguesa capitalista, da luta de classes que se criou e continua se desenvolvendo sobre a base dessa sociedade.

Vê-se ali como a burguesia se formou fatalmente no seio do antigo regime feudal, como se transformaram gradualmente suas condições de existência em consequência das transformações das relações econômicas; que papel revolucionário teve em sua luta contra o feudalismo, a que grau surpreendente chegou a desenvolver as forças produtivas da sociedade e como criou, pela primeira vez na história, a possibilidade da emancipação material da humanidade. Segue-se uma síntese histórica do desenvolvimento do proletariado. Vê-se nela que o proletariado se desenvolve segundo leis fatais, do mesmo modo que a burguesia, cujo desenvolvimento segue, passo a passo, como a sombra ao corpo.

De um modo progressivo se constitui em classe especial e explica o *Manifesto* como e de que forma se desenvolve sua luta contra a burguesia até o momento em que cria sua própria organização de classe.

Em continuação, o *Manifesto* expõe e refuta todas as objeções formuladas pelos ideólogos burgueses contra o comunismo. Não me deterei nisso, porque estou persuadido de que todos o leram.

Apoiando-se em Engels, ainda que em menor medida do que se acreditava, Marx expõe, em seguida, a tática dos comunistas a respeito de todos os outros partidos operários. E convém destacar aqui uma interessante particularidade: o *Manifesto* diz que os comunistas não são um partido especial, oposto aos outros partidos operários, mas que se distinguem unicamente porque representam uma vanguarda operária, que tem, sobre o resto do proletariado, a vantagem de compreender as condições, a marcha e as consequências gerais do movimento operário.

Agora que conheceis a verdadeira história da Liga dos Comunistas, será mais fácil compreender que a razão dessa maneira de formular a tarefa dos comunistas obedecia à situação do movimento operário da época, particularmente na Inglaterra, pois os vários cartistas que havia na Liga consentiram em ingressar nela com a condição de conservarem seus vínculos com o partido e sem outro compromisso que o de organizar uma espécie de núcleo comunista com o cartismo, para propagar ali o programa e os objetivos dos comunistas.

O *Manifesto* analisa as inumeráveis correntes que então lutavam pela supremacia entre os socialistas e os comunistas. Critica-as com violência e as rechaça categoricamente, excetuando os utopistas Saint-Simon, Fourier e Owen, cujas doutrinas, sobretudo as dos dois últimos, haviam sido, até certo ponto, aceitas e refundidas por Marx e Engels. Mas, mesmo adotando suas críticas do regime burguês, o *Manifesto* contrapõe ao socialismo pacífico, ao utópico e ao que desprezava a luta política, o programa revolucionário do novo comunismo crítico proletário.

Em sua conclusão, o *Manifesto* examina a tática dos comunistas durante a revolução, particularmente a respeito dos partidos burgueses. Para cada país essa tática varia, segundo as condições históricas. Onde a burguesia é a classe dominante, o ataque do proletariado se dirige completamente contra ela, enquanto onde aspira ao poder político, por exemplo na Alemanha, o partido comunista a apoia na sua luta revolucionária contra a monarquia e a nobreza, sem que jamais cesse de inculcar nos operários a consciência nítida da oposição entre os interesses de classe da burguesia e os do proletariado. Como questão fundamental de todo o movimento, os comunistas colocam sempre em primeiro plano a da propriedade privada.

Na próxima conferência, veremos como foram aplicadas na prática essas regras de táticas elaboradas por Marx e Engels às vésperas da revolução de fevereiro-março de 1848 e que modificações lhes foram introduzidas pela experiência dessa revolução.

O *Manifesto* contém todos os resultados do trabalho científico a que Marx e Engels — especialmente o primeiro — haviam se dedicado de 1845 a 1847. Durante esse tempo, Engels havia estudado os materiais reunidos por ele sobre a *Situação da classe trabalhadora na Inglaterra*; enquanto isso, Marx trabalhava na história das doutrinas políticas e econômicas. A "concepção materialista da história", que lhes deu a possibilidade de analisar com tanta justeza as relações materiais, as condições da produção e da distribuição, pelas quais se determinam todas as relações sociais, havia sido amadurecida por eles nesses dois anos, enquanto lutavam contra as diferentes doutrinas idealistas.

Antes do *Manifesto*, Marx havia expresso a nova doutrina de forma mais completa e brilhante, polemizando com Proudhon. Contudo, em sua obra *A sagrada família* mostrava uma grande estima por Proudhon. O que provocou a ruptura entre os aliados de outrora? Proudhon, de origem operária e autodidata como Weitling, porém ainda mais talentoso, foi um dos publicistas franceses mais eminentes. Teve, em literatura, uma iniciação muito revolucionária. Em sua obra *O que é a propriedade?*, publicada em 1841, critica violentamente a propriedade burguesa e afirma com audácia que, definitivamente, ela é um roubo. Mas logo se provará que, condenando a propriedade, Proudhon tinha em vista só uma de suas formas, a propriedade capitalista privada, baseada na exploração do pequeno produtor pelo grande capitalista. Ao mesmo tempo que reclamava a supressão da propriedade capitalista privada, Proudhon era adversário do comunismo, posto que só na conservação e consolidação da propriedade privada do camponês ou do artesão via o meio de estes prosperarem, e a situação do operário, segundo ele, não podia melhorar pela luta econômica e as greves, mas pela transformação do operário em proprietário.

Proudhon adotou definitivamente esse ponto de vista em 1845/46, época em que imaginou o plano mediante o qual dizia que se preservariam os artesãos da ruína e se faria dos operários produtores independentes.

Já disse o que fazia Engels em Paris nesses momentos. Seu principal adversário na discussão em torno dos diferentes programas era K. Grün, representante do "verdadeiro socialismo". Grün estava ligado a Proudhon, cujas teorias divulgou entre os operários alemães residentes em Paris.

Antes de Proudhon publicar sua nova obra, destinada a descobrir todos os "antagonismos econômicos" da sociedade contemporânea, explicar a origem da miséria e mostrar sua filosofia, havia comunicado suas ideias a Grün, que se apressou em usá-las contra os comunistas.

Engels comunicou então o plano, por meio das palavras de Grün, ao comitê de Bruxelas:

> E que vemos nele? Nem mais nem menos que os "armazéns de trabalho", conhecidos há muito tempo na Inglaterra, as associações de artesãos de diferentes profissões, que muitas vezes já fracassaram, um grande depósito; todos os produtos fornecidos aos membros das associações são avaliados segundo o custo da matéria-prima e a soma do trabalho gasto na sua confecção, e se pagam com outros produtos avaliados segundo o mesmo método. Os produtos que restam na sociedade são vendidos na rua e a receita desses negócios destina-se aos produtores. Assim, acredita o astuto Proudhon poder acabar com o lucro obtido pelo intermediário comercial.

Noutra carta, Engels dá novos detalhes sobre o plano de Proudhon e se indigna, porque fantasias como a da transformação dos operários em proprietários, pela aquisição das oficinas mediante a poupança, são atraentes aos trabalhadores alemães.

Daí que, tão logo apareceu o livro de Proudhon, Marx pôs-se a trabalhar e contestou a *Filosofia da miséria* com uma obra intitulada *Miséria da filosofia*, na qual refuta uma a uma todas as ideias de Proudhon e opõe aos seus pontos de vista as bases do comunismo crítico.

Pelo brilhantismo e precisão do pensamento, essa obra é uma digna introdução ao *Manifesto comunista* e nada perde na comparação com o último artigo de Marx contra Proudhon, escrito cerca de trinta anos mais tarde, em 1874, para os operários italianos. É o artigo intitulado "A indiferença política" (publicado em russo, em 1931, na revista *Proviestchenie*) e em nada difere da *Miséria da filosofia*, o que demonstra que em 1847 o ponto de vista de Marx estava definitivamente elaborado.

Marx, insisto, já o havia formulado em 1845, porém de forma menos clara. Necessitou de mais dois anos de tenaz trabalho para escrever a *Miséria da filosofia*. Investigando as condições da formação e o desenvolvimento do proletariado na sociedade burguesa, dedicou-se cada vez mais ao estudo das leis do regime capitalista que regem a produção e a distribuição. Examina as doutrinas dos economistas burgueses à luz do método dialético e prova que todas as categorias fundamentais, que todos os fenômenos da sociedade burguesa — mercadoria, valor, dinheiro, capital — são coisas transitórias. Em *Miséria da filosofia* tenta pela primeira vez estabelecer as principais fases do processo de produção capitalista.

Sem ser mais que um esboço, já mostra Marx no verdadeiro caminho, de posse de um método mais seguro, que o orienta, como uma bússola, nos labirintos da economia burguesa. Mas, por sua vez, essa obra demonstra que não basta ter um método justo e que, longe de limitar-se a deduções gerais, é necessário estudar minuciosamente o capitalismo para conhecer todas as engrenagens de um mecanismo tão complicado. Marx tinha ainda à frente um imenso trabalho para transformar em monumental sistema esse esboço genial que está, substancialmente, em *Miséria da filosofia,* no que concerne ao estudo dos principais problemas econômicos.

Antes de alcançar tal possibilidade, que implicava para ele a impossibilidade de se ocupar do trabalho prático, coube-lhe assistir à revolução de 1848, prevista e impacientemente esperada por ele e por Engels, para a qual se prepararam e haviam elaborado as teses fundamentais expostas no *Manifesto comunista*.[*]

---

[*] D. Riazanov, *Marx-Engels e a história do movimento operário* (São Paulo: Global Editora, 1984), pp. 55-74.

PREFÁCIO À EDIÇÃO ITALIANA DE 1893

Ao leitor italiano

Pode-se dizer que a publicação do *Manifesto do partido comunista* coincide com o 18 de março de 1848, o dia das revoluções em Milão e Berlim, insurreições armadas de duas nações: uma encravada no coração do continente europeu, a outra estendida ao longo da costa do mar Mediterrâneo; até então, duas nações enfraquecidas pela divisão e pelas lutas internas, que, por isso, tinham sido presas fáceis de opressores estrangeiros. Enquanto a Itália ficava sujeita ao domínio do imperador da Áustria, a Alemanha vivia sob o jugo do czar de todas as Rússias, sujeição menos evidente por ser indireta, mas não menos efetiva. As revoluções de 18 de março de 1848 libertaram, ao mesmo tempo, tanto a Itália como a Alemanha dessa vergonhosa situação; se, de 1848 a 1871, essas duas grandes nações foram reconstruídas e, de certo modo, "devolvidas a si mesmas", isso se deve, como Karl Marx costumava dizer, ao fato de que as mesmas pessoas que reprimiram a revolução de 1848 converteram-se, a contragosto, em seus executores testamentários.

Por toda parte essa revolução foi obra da classe operária: foram os operários que levantaram as barricadas e deram suas vidas lutando pela causa. Mas só os operários de Paris tinham a firme e decidida intenção de derrubar, junto com o governo, todo o regime burguês. Mas, ainda que tivessem uma consciência muito clara do antagonismo irredutível que se erguia entre a sua própria classe e a burguesia, o desenvolvimento econômico do país e o desenvolvimento intelectual das massas operárias francesas não tinham atingido, ainda, o nível necessário para que uma revolução socialista pudesse triunfar. Por isso, após a batalha, os frutos da revolução caíram no colo da classe capitalista. Em outros países, como Itália, Áustria e Alemanha, os operários, desde o primeiro momento da revolução, limitaram-se a ajudar a burguesia a tomar o poder. Mas em qualquer país o domínio da burguesia é impossível sem a independência nacional. Assim se explica que as revoluções do ano de 1848 tenham levado inevitavelmente à unificação dos povos dentro das fronteiras nacionais e à sua emancipação do jugo estrangeiro, condições de que não tinham desfrutado até então, e que são hoje realidade na Itália, na Alemanha e na Hungria. E a esses países se seguirá a Polônia, quando chegar a hora.

Assim, embora as revoluções de 1848 não tivessem um caráter socialista, elas abriram caminho, prepararam o terreno para o advento da revolução socialista, graças ao poderoso impulso que imprimiram à grande indústria. Em todos os países a sociedade burguesa foi criando, durante os últimos 45 anos, um proletariado poderoso, concentrado e numeroso, criando assim, para usar a linguagem do *Manifesto comunista,* seus próprios coveiros. Sem restaurar a autonomia e a unidade de cada nação será impossível atingir a união internacional do proletariado, ou a cooperação inteligente e pacífica dessas nações para fins comuns. Procuremos imaginar, se possível, uma ação internacional conjunta dos operários italianos, húngaros, alemães, poloneses e russos nas condições políticas anteriores a 1848!

As batalhas travadas em 1848 não foram, pois, travadas em vão. E os 45 anos que nos separam da época revolucionária também não foram vividos em vão. Os frutos daqueles dias começam a amadurecer, e faço votos de que a publicação desta tradução italiana do *Manifesto* seja o arauto do triunfo do proletariado italiano, como a publicação do texto original o foi da revolução internacional.

O *Manifesto* rende a devida homenagem aos serviços revolucionários prestados pelo capitalismo no passado. A Itália foi a primeira nação capitalista. O fim da Idade Média feudal e a aurora da época capitalista são assinalados por uma figura colossal: um italiano, Dante, que foi, ao mesmo tempo, o último poeta da Idade Média e o primeiro poeta dos tempos modernos. Hoje, como em 1300, ergue-se no horizonte uma nova época. A Itália dará ao mundo um outro Dante, capaz de cantar o nascimento desta nova era, a era proletária?

Londres, 1º de fevereiro de 1893.

F. Engels

PREFÁCIO À [TERCEIRA] EDIÇÃO POLONESA DE 1892

O fato de que uma nova edição polonesa do *Manifesto comunista* tenha se tornado necessária exige algumas considerações.

Primeiro, nota-se que o *Manifesto*, nos últimos tempos, se transformou, em certa medida, no barômetro do desenvolvimento da grande indústria no continente europeu. Quando se expande a grande indústria de um país, qualquer que seja ele, cresce também entre os operários desse país o desejo de entender suas relações enquanto classe, como relações da classe dos que vivem do trabalho com a classe dos que vivem da propriedade. Nessas circunstâncias, as ideias socialistas difundem-se entre os trabalhadores e aumenta a procura do *Manifesto comunista*. Assim, não só a situação do movimento operário mas também o grau de desenvolvimento da grande indústria podem ser medidos com exatidão, em qualquer país, pelo número de exemplares do *Manifesto* que circulam em seu idioma.

Portanto, a necessidade de se fazer uma nova edição em polonês indica o processo de expansão contínua da indústria polonesa. E não pode haver dúvidas sobre a importância desse processo no decorrer desses dez anos que nos separam da publicação da edição anterior. A Polônia russa, a Polônia do Congresso de Viena, tornou-se a grande região industrial do Império russo.

Enquanto que na Rússia propriamente dita a grande indústria manifestou-se de forma bastante esporádica e dispersa (na costa do golfo da Finlândia, nas províncias centrais de Moscou e Vladimir, na costa do mar Negro e do mar de Azov, e em outras regiões), a indústria polonesa concentrou-se numa região relativamente pequena, experimentando, ao mesmo tempo, as vantagens e os inconvenientes dessa situação. As vantagens foram reconhecidas pelos fabricantes russos seus concorrentes, ao reclamarem proteção alfandegária contra a Polônia, apesar de seu ardente desejo de transformar os poloneses em russos. Os inconvenientes (que afetam igualmente os industriais poloneses e o governo russo) são a rápida difusão das ideias socialistas entre os operários poloneses e a procura crescente do *Manifesto comunista*.

O rápido desenvolvimento da indústria polonesa, que deixa para trás a russa, é uma prova clara da vitalidade inesgotável do povo polonês e uma nova garantia da sua iminente restauração nacional. A criação de uma Polônia forte e independente não interessa apenas ao povo polonês, mas a todos nós. Uma colaboração internacional sincera entre as nações europeias só poderá ser estabelecida se cada uma dessas nações for plenamente autônoma em sua própria casa. As revoluções de 1848 que, apesar de disputadas sob a bandeira do proletariado, levaram os operários a lutar somente para puxar a brasa para a sardinha da burguesia, acabaram impondo a independência da Itália, da Alemanha e da Hungria, por meio de Luís Bonaparte e Bismarck (seus executores testamentários). Ao contrário, a Polônia, que desde 1792 tem feito mais pela causa revolucionária do que esses três países juntos, foi abandonada quando, em 1863, teve que se defrontar com o poderio russo, que lhe era dez vezes superior.

A nobreza polonesa foi incapaz de manter, e será incapaz de reconquistar, a independência da Polônia. A burguesia, hoje, sente-se cada vez menos interessada nesse assunto. Apesar disso, essa independência é uma necessidade para a colaboração harmoniosa entre as nações europeias. Só poderá ser conquistada pelo jovem proletariado polonês, em cujas mãos essa esperança está bem guardada. Porque os operários do Ocidente europeu precisam tanto da independência da Polônia quanto os próprios operários poloneses.

Londres, 10 de fevereiro de 1892.

F. Engels

DO PREFÁCIO À EDIÇÃO ALEMÃ DE 1890*

[...] O *Manifesto* tem a sua própria história. Saudado com entusiasmo, quando apareceu, pela vanguarda então pouco numerosa do socialismo científico (como o provam as traduções mencionadas no primeiro prefácio), foi logo posto em segundo plano pela reação que se seguiu à derrota dos operários parisienses em junho de 1848 e enfim proscrito "pela lei", com a condenação dos comunistas de Colônia em novembro de 1852. Com o desaparecimento, da cena pública, do movimento operário que datava da Revolução de Fevereiro, o *Manifesto* desapareceu também da cena política.

Quando a classe operária europeia readquiriu forças para um novo assalto contra o poder das classes dominantes, nasceu a Associação Internacional dos Trabalhadores. Esta tinha como finalidade englobar, num único grande exército, todas as forças combativas da classe operária da Europa e da América. Portanto, não podia *partir* dos princípios estabelecidos no *Manifesto*. Devia ter um programa que não fechasse as portas às *trade-unions* inglesas, aos proudhonianos franceses, belgas, italianos e espanhóis, nem aos lassalleanos alemães.**

---

* Este prefácio é apresentado aqui sem a parte introdutória sobre as várias edições do *Manifesto* em outras línguas, que reproduz um trecho do prefácio à edição inglesa de 1888. [N. do Ed.]

** Lassalle, pessoalmente, declarava-se sempre, diante de nós, discípulo de Marx e,

Esse programa — o preâmbulo dos estatutos da Internacional — foi redigido por Marx com uma mestria reconhecida até mesmo por Bakunin e os anarquistas. Para a vitória definitiva das proposições apresentadas no *Manifesto*, Marx confiava unicamente no desenvolvimento intelectual da classe operária, que deveria resultar da ação comum e da discussão. Os acontecimentos e as vicissitudes da luta contra o capital, e as derrotas, ainda mais que as vitórias, não podiam deixar de mostrar aos combatentes a insuficiência de todas as panaceias em que tinham acreditado, de capacitá-los a uma compreensão profunda das verdadeiras condições da emancipação operária. E Marx tinha razão. A classe operária de 1874, após a dissolução da Internacional, era bem diferente da de 1864, no momento de sua fundação. O proudhonismo dos países latinos e o lassalleanismo propriamente dito na Alemanha estavam agonizando, e mesmo as *trade-unions* inglesas, então ultraconservadoras, aproximavam-se, pouco a pouco, do momento em que, em 1887, o presidente do seu congresso, em Swansea, poderia dizer em nome delas: "O socialismo continental deixou de nos meter medo". Mas já nessa época o socialismo continental confundia-se, quase que inteiramente, com a teoria formulada no *Manifesto*. Dessa forma, até certo ponto, a história do *Manifesto* reflete a história do movimento operário moderno desde 1848. Atualmente é, sem dúvida, a obra mais difundida e mais internacional de toda a literatura socialista, o programa comum de milhões de operários de todos os países, da Sibéria à Califórnia.

No entanto, quando apareceu, não podíamos intitulá-lo um manifesto *socialista*. Em 1847, essa palavra servia para designar dois tipos de pessoas. De um lado, os partidários dos diversos sistemas utópicos, especialmente os owenistas na

---

como tal, colocava-se evidentemente no terreno do *Manifesto*. O mesmo não acontecia com os seus seguidores, que não iam além do seu programa de cooperativas de produtores com crédito do Estado e que dividiram toda a classe operária em defensores do auxílio do Estado e defensores da iniciativa privada. [Nota de Friedrich Engels.]

Inglaterra e os fourieristas na França, ambos já reduzidos a simples seitas agonizantes. De outro lado, os numerosos charlatães sociais que queriam, com suas panaceias variadas e com toda a espécie de cataplasmas, suprimir as misérias sociais, sem tocar no capital e no lucro. Nos dois casos, eram pessoas que viviam fora do movimento operário e cujo objetivo, pelo conteúdo, era procurar o apoio das classes "cultas". Em contrapartida, aquele setor dos operários que, convencido da insuficiência das reviravoltas meramente políticas, queria uma transformação fundamental da sociedade, chamava-se então "comunista". Era um comunismo apenas esboçado, ainda instintivo, às vezes um tanto grosseiro; mas era poderoso para dar origem a dois sistemas de comunismo utópico, a Icária, de Cabet, na França, e o sistema de Weitling, na Alemanha. Em 1847, socialismo significava um movimento burguês e comunismo um movimento operário. O socialismo era admitido nos salões da alta sociedade, pelo menos no Continente; o comunismo era exatamente o contrário. E como, já nesse momento, achávamos, sem a menor dúvida, que "a emancipação dos operários tem de ser obra da própria classe operária", não podíamos hesitar um só instante sobre a denominação a escolher. E, posteriormente, nunca pensamos em modificá-la.

"Proletários de todos os países, uni-vos!" . Somente algumas vozes nos responderam, quando lançamos esse apelo ao mundo há 42 anos, à véspera da primeira revolução parisiense, na qual o proletariado entrou com suas próprias reivindicações. Entretanto, a 28 de setembro de 1864, os proletários da maior parte dos países da Europa ocidental reuniram-se na Associação Internacional dos Trabalhadores, de gloriosa memória. A Internacional viveu apenas nove anos. Mas não há testemunho melhor que o dia de hoje para revelar que o laço eterno que ela estabeleceu entre os proletários de todos os países ainda existe e é mais poderoso do que nunca. No momento em que escrevo estas linhas, o proletariado da Europa e da América passa em revista as suas forças, mobilizadas pela primeira vez num só exército, sob uma *só* bandeira e por um mesmo fim imediato: a fixação legal da jornada normal de oito horas de trabalho, já proclamada em 1866 pelo Congresso da Internacional, reunido em Genebra, e, de novo, pelo Congresso Operário de Paris em 1889. E o espetáculo do dia de hoje mostrará aos capitalistas e aos proprietários agrários de todos os países que os proletários de todos os países estão unidos.

Ah! se Marx estivesse a meu lado para ver esse espetáculo com os seus próprios olhos!

Londres, 1º de maio de 1890[1].

F. Engels[*]

---

[*] Escrito por Engels para a edição alemã do *Manifesto do partido comunista*, publicada em Londres em 1890.

PREFÁCIO À EDIÇÃO INGLESA DE 1888

O *Manifesto* foi publicado como plataforma da Liga dos Comunistas, uma associação de operários, no início exclusivamente alemã, mais tarde internacional, que, nas condições políticas do Continente, anteriores a 1848, não podia deixar de ser uma sociedade secreta. Num congresso da Liga, realizado em Londres em novembro de 1847, Marx e Engels foram encarregados de preparar para publicação um programa prático e teórico completo do partido. Redigido em alemão, em janeiro de 1848, o manuscrito foi enviado ao impressor, em Londres, poucas semanas antes da revolução francesa de 24 de fevereiro. Uma tradução francesa saiu em Paris um pouco antes da insurreição de 1848. A primeira tradução inglesa, de *miss* Helen Macfarlane, foi publicada em Londres no *Red Republican*, de George Julian Harney, em 1850. Foi também publicado em dinamarquês e polonês.

A derrota da insurreição parisiense de junho de 1848 — a primeira grande batalha entre o proletariado e a burguesia — colocou novamente em segundo plano, por algum tempo, as aspirações políticas e sociais da classe operária europeia. A partir daí a luta pela supremacia voltou a travar-se, como antes da revolução de fevereiro, entre os diferentes setores da classe proprietária; a classe operária limitou-se a uma luta por posições políticas, assumindo seu lugar na ala extremada dos radicais da classe média. Onde quer que o movimento proletário independente manifestasse sinais de vida, era logo impiedosamente esmagado. Foi assim que a polícia prussiana conseguiu descobrir o Comitê Central da Liga dos Comunistas, então localizado em Colônia. Seus membros foram detidos e, depois de dezoito meses de prisão, julgados em outubro de 1852. Este célebre "Julgamento dos comunistas de Colônia" durou de 4 de outubro a 12 de novembro: sete dos prisioneiros foram condenados à prisão numa fortaleza, variando as penas de três a seis anos. Imediatamente após a sentença, a Liga foi formalmente dissolvida por seus membros restantes. Quanto ao *Manifesto*, parecia desde então condenado ao esquecimento.

Quando a classe operária europeia recuperou forças suficientes para um novo ataque às classes dominantes, surgiu a Associação Internacional dos Trabalhadores. Mas essa associação, formada com a finalidade expressa de unir numa única organização todo o proletariado militante da Europa e da América, não pôde proclamar imediatamente os princípios defendidos pelo *Manifesto*. A Internacional foi obrigada a ter um programa suficientemente amplo para ser aceito pelas *trade-unions* inglesas, pelos adeptos de Proudhon na França, Bélgica, Itália e Espanha, e pelos lassalleanos* na Alemanha. Marx, que redigiu esse programa a contento de todos, confiava inteiramente no desenvolvimento intelectual da classe operária, que resultaria da ação conjunta e da discussão mútua. Os próprios acontecimentos e as vicissitudes da luta contra o capital, e as derrotas, ainda mais que as vitórias, não poderiam deixar de tornar os homens conscientes da insuficiência de suas panaceias favoritas, abrindo caminho para uma compreensão mais completa das verdadeiras condições da emancipação da classe operária. E Marx tinha razão. Ao dissolver-se

---

* Lassalle pessoalmente também se considerava discípulo de Marx e, como tal, estava de acordo com o *Manifesto*. Mas em sua agitação pública de 1862-64 não foi além de requerer oficinas cooperativas sustentadas pelo crédito estatal. [Nota de Friedrich Engels.]

a Internacional em 1874, os operários eram homens muito diferentes do que eram em 1864, época de sua fundação. O proudhonismo na França e o lassalleanismo na Alemanha estavam quase extintos e até mesmo as conservadoras *trade-unions* inglesas, embora na sua maioria tivessem se desligado da Internacional, aproximavam-se, pouco a pouco, do ponto em que seu presidente pôde dizer, no ano passado, em Swansea, em seu nome, que "o socialismo continental deixou de nos meter medo". De fato, os princípios do *Manifesto* realizaram um progresso considerável entre os operários de todos os países.

Desse modo, o próprio *Manifesto* voltou à frente de batalha. O texto alemão tinha sido reeditado diversas vezes, na Suíça, na Inglaterra e na América, desde 1850. Em 1872 foi traduzido para o inglês, em Nova York, sendo publicado no *Woodhull and Claflin's Weekly*. Dessa versão inglesa foi feita uma francesa, que apareceu no *Le Socialiste* de Nova York. Desde então, pelo menos mais duas traduções inglesas, mais ou menos mutiladas, apareceram na América, e uma delas foi reimpressa na Inglaterra. A primeira tradução russa, feita por Bakunin, foi publicada em Genebra, por volta de 1863[*], na tipografia do *Kolokol* de Herzen; uma segunda tradução, da heroica Vera Zásulich,[**] saiu também em Genebra, em 1882. Há uma nova edição dinamarquesa na *Social-demokratisk Bibliothek,*[***] Copenhague, 1885, e uma nova tradução francesa[****] no *Le Socialiste,* Paris, 1885. Desta última, foi preparada e publicada uma versão espanhola, em 1886, em Madri. Perdeu-se a conta das edições alemãs; houve pelo menos doze delas. Soube que uma tradução armênia, que deveria ser publicada em Constantinopla há alguns meses, não se efetuou porque o editor teve medo de publicar um livro que levasse o nome de Marx e o

---

[*] Em 1869. [Nota da edição portuguesa.]
[**] Na realidade, o tradutor foi Plekhánov. [Nota da edição portuguesa.]
[***] Engels refere-se ao vol. 1 da *Socialistik Bibliotek*. [Nota da edição portuguesa.]
[****] De Laura Lafargue, segunda filha de Marx. [Nota da edição a portuguesa.]

tradutor recusou-se a divulgá-lo como obra sua. Já ouvi falar de outras traduções em outras línguas, embora não as tenha visto. Portanto, a história do *Manifesto* reflete, em grande parte, a história do movimento operário moderno; atualmente é, sem dúvida, a obra mais difundida e mais internacional de toda a literatura socialista, o programa comum adotado por milhões de operários, da Sibéria à Califórnia.

No entanto, quando foi escrito, não podíamos chamá-lo de manifesto *socialista*. Em 1847 entendia-se por "socialistas", de um lado, os partidários dos vários sistemas utópicos: os owenistas na Inglaterra e os fourieristas na França, ambos já reduzidos a simples seitas agonizantes; e, de outro, os mais variados charlatães sociais, que, por meio de todos os truques, pretendiam eliminar os problemas sociais sem risco para o capital e o lucro. Em ambos os casos, eram homens que não pertenciam ao movimento dos trabalhadores, preferindo o apoio das classes "educadas". O setor da classe operária que se convencera da insuficiência das revoluções meramente políticas, e que reclamava uma mudança social total, denominou-se comunista. Era um comunismo ainda grosseiro, mal esboçado e puramente instintivo; mas tocou no ponto crucial da questão e foi bastante poderoso entre a classe trabalhadora para dar origem ao comunismo utópico de Cabet, na França, e ao de Weitling, na Alemanha. Assim, em 1847, o socialismo era um movimento da classe média, e o comunismo um movimento operário. Pelo menos no Continente, o socialismo era "respeitável", enquanto o comunismo era exatamente o oposto. E como nossa ideia, desde o início, era de que "a emancipação dos trabalhadores tem de ser obra da própria classe trabalhadora", não houve dúvidas sobre qual nome escolher. Além disso, nunca pensaremos em repudiá-lo.

Embora o *Manifesto* seja obra de nós dois, considero-me obrigado a declarar que a sua proposição fundamental, que constitui seu núcleo, pertence a Marx. Essa proposição é a seguinte: em qualquer época histórica, o modo de produção econômica e de troca predominante, e a organização social que dele necessariamente decorre, constituem a base sobre a qual se ergue, e a partir da qual pode ser explicada, a história política e intelectual dessa época; que, consequentemente (desde a dissolução do regime primitivo de propriedade comum da terra), toda a história da humanidade tem sido a história das lutas de classes, conflitos entre explorados e exploradores, entre as classes dominadas e dominantes; que a história dessas lutas de classes se constitui de uma série de etapas, atingindo hoje um estágio em que a classe oprimida e explorada — o proletariado — não pode mais emancipar-se da classe que a explora e oprime — a burguesia — sem emancipar, ao mesmo tempo e para sempre, toda a sociedade da exploração, da opressão, das diferenças de classes e das lutas de classes.

Já alguns anos antes de 1845, estávamos, pouco a pouco, elaborando essa ideia que, na minha opinião, está destinada a ser para a História o que a teoria de Darwin foi para a Biologia. Meu livro *A situação da classe trabalhadora na Inglaterra* revela até onde, isoladamente, caminhei nessa direção. Mas quando reencontrei Marx em Bruxelas, na primavera de 1845, ele já a tinha elaborado completamente, expondo-a a mim em termos tão claros como aqueles que usei aqui.

Eis um trecho do nosso prefácio comum à edição alemã de 1872:

> Embora as condições tenham mudado muito nos últimos 25 anos, os princípios gerais expostos neste *Manifesto* conservam ainda hoje, em seu conjunto, toda a sua exatidão. Certas partes deveriam ser retocadas. O próprio *Manifesto* explica que a aplicação desses princípios dependerá, sempre e em toda parte, das circunstâncias históricas existentes e que, por conseguinte, não se deve atribuir demasiada importância às medidas revolucionárias enumeradas no fim do segundo capítulo. Esse trecho, em mais de um aspecto, seria redigido atualmente de outro modo. Tendo em vista o desenvolvimento colossal da

grande indústria nos últimos 25 anos e os progressos correspondentes da organização da classe operária em partido; tendo em vista, primeiro, a experiência da Revolução de Fevereiro e, depois, sobretudo, da Comuna de Paris, que pela primeira vez permitiu ao proletariado, durante dois meses, a posse do poder político, este programa está agora envelhecido em alguns pontos. A Comuna demonstrou principalmente que "não basta que a classe operária se apodere da máquina do Estado existente para fazê-la servir a seus próprios fins" . (Ver *A guerra civil na França. Mensagem do Conselho Geral da Associação Internacional dos Trabalhadores*, de 1871, onde essa ideia está mais extensamente desenvolvida.) Além do mais, é evidente que a crítica da literatura socialista é agora incompleta, pois interrompe-se em 1847; e, se as observações apresentadas sobre a posição dos comunistas diante dos diferentes partidos de oposição (capítulo IV) ainda são exatas nos seus princípios, envelheceram, entretanto, na aplicação, porque a situação política está completamente mudada e o desenvolvimento histórico fez desaparecer a maior parte dos partidos aí enumerados.

Não obstante, o *Manifesto* é um documento histórico que não temos mais o direito de modificar.

A presente tradução é de *mr.* Samuel Moore, o tradutor da maior parte de *O capital*, de Marx. Fizemos a revisão juntos, e acrescentei algumas notas com explicações históricas.

Londres, 30 de janeiro de 1888.
Friedrich Engels

PREFÁCIO À EDIÇÃO ALEMÃ DE 1883

Infelizmente, tenho de ser o único a assinar o prefácio desta edição. Marx, o homem a quem a classe operária da Europa e da América mais serviços deve, repousa agora no cemitério de Highgate, e sobre seu túmulo já cresce a primeira relva. Depois da sua morte, não se pode pensar em refazer ou completar o *Manifesto*. Por isto, julgo ainda mais necessário lembrar aqui, claramente, o seguinte:

O pensamento dominante e essencial do *Manifesto*, isso é, que a produção econômica e a estrutura social que necessariamente decorre dela constituem em cada época a base da história política e intelectual dessa época; que, por conseguinte (desde a dissolução do regime primitivo da propriedade comum da terra), toda a História tem sido uma história de lutas de classes, de lutas entre as classes exploradas e as classes exploradoras, entre as classes dominantes e as classes dominadas; mas que, atualmente, essa luta atingiu um estágio em que a classe explorada e oprimida (o proletariado) não pode mais libertar-se da classe que a explora e oprime (a burguesia), sem, ao mesmo tempo e para sempre, libertar toda a sociedade da exploração, da opressão e das lutas de classes — este pensamento fundamental pertence única e exclusivamente a Marx.[*]

---

[*] Escrevi, no prefácio à edição inglesa, que, na minha opinião, essa ideia marcou para a História o mesmo progresso que a teoria de Darwin para a Biologia. Dela,

Já declarei isso muitas vezes, mas agora é necessário que fique bem claro no frontispício do *Manifesto*.

Londres, 28 de junho de 1883.

*F. Engels**

---

nós dois nos aproximamos, vários anos antes de 1845. Meu livro *A Situação da classe trabalhadora na Inglaterra* revela até onde eu próprio fui nessa direção. Mas, quando reencontrei Marx em Bruxelas, na primavera de 1845, ele já a tinha elaborado por completo, e me fez uma exposição dela mais ou menos tão claramente quanto a que fiz aqui. [Nota de Friedrich Engels à edição alemã de 1890.]

* Escrito por Engels para a edição alemã do *Manifesto do partido comunista*, publicada em Gottingen, Zurique, em 1883.

PREFÁCIO À EDIÇÃO RUSSA DE 1882

A primeira edição russa do *Manifesto do partido comunista,* traduzido por Bakunin, foi feita em princípios da década de 1860* na tipografia do *Kolokol*. Naquele tempo, uma edição russa dessa obra podia parecer ao Ocidente apenas uma curiosidade literária. Hoje, semelhante ideia seria impossível.

O quanto era reduzido, naquela época (dezembro de 1847), o terreno de ação do movimento operário, é demonstrado pelo próprio *Manifesto*, em seu último capítulo, "A posição dos comunistas perante os vários partidos de oposição" nos diversos países. Precisamente a Rússia e os Estados Unidos não foram mencionados. Era o momento em que a Rússia constituía a última grande reserva de toda a reação europeia e em que a emigração para os Estados Unidos absorvia o excesso de forças do proletariado da Europa. Esses dois países abasteciam a Europa de matérias-primas e eram, ao mesmo tempo, mercados para a venda de sua produção industrial. Ambos os países eram, portanto, de um modo ou de outro, esteios da ordem vigente na Europa.

Como tudo mudou! A emigração europeia, precisamente, tornou possível o colossal desenvolvimento da agricultura na

---

* A data indicada é inexata: a edição referida apareceu em 1869. [Nota do Instituto de marxismo-leninismo.]

América do Norte, cuja concorrência abala os alicerces da pequena e grande propriedade territorial na Europa. Foi também essa emigração, além disso, que deu aos Estados Unidos a possibilidade de empreender a exploração dos seus imensos recursos industriais com tal energia e em tais proporções que, dentro em breve, há de acabar com o monopólio industrial do Ocidente europeu e especialmente com o da Inglaterra. Essas duas circunstâncias repercutem, por sua vez, de um modo revolucionário, sobre a própria América do Norte. A pequena e média propriedade agrária dos granjeiros, pedra angular de todo o regime político norte-americano, sucumbem continuamente diante da concorrência das gigantescas fazendas, enquanto em regiões industriais se forma, pela primeira vez, um numeroso proletariado ao lado de uma fabulosa concentração de capitais.

E na Rússia? Ao se dar a revolução de 1848-1849, não só os monarcas da Europa, como também a burguesia europeia, viam na intervenção russa o único meio de salvação contra o proletariado que começava a despertar. O czar foi aclamado como chefe da reação europeia. Pois agora ele é, em Gátchiná,[2] prisioneiro de guerra da revolução, e a Rússia está na vanguarda do movimento revolucionário da Europa.

O *Manifesto comunista* tinha como tarefa proclamar a desaparição próxima e inevitável da moderna propriedade burguesa. Mas na Rússia, ao lado do florescimento febril da velhacaria capitalista, e da propriedade territorial burguesa em vias de formação, mais da metade da terra é propriedade comum dos camponeses. Cabe, pois, a pergunta: poderia a *Obchtchina* (comunidade rural) russa — forma por certo já muito desnaturada da primitiva propriedade comum da terra — passar diretamente à forma superior da propriedade coletiva, à forma comunista, ou, pelo contrário, deverá primeiramente passar pelo mesmo processo de dissolução que constitui o desenvolvimento histórico do Ocidente?

Hoje, a única resposta que se pode dar a essa pergunta é a seguinte: se a revolução russa dá o sinal para uma revolução proletária no Ocidente, de modo que ambas se completem, a atual propriedade comum da terra na Rússia poderá servir de ponto de partida para uma evolução comunista.

Londres, 21 de janeiro de 1882.
K. Marx e F. Engels[*]

---

[*] Escrito por Marx e Engels para a segunda edição russa do *Manifesto comunista*, publicada em Genebra, em 1882.

PREFÁCIO À EDIÇÃO ALEMÃ DE 1872

A Liga dos Comunistas, união operária internacional que, evidentemente, não podia deixar de ser secreta, devido às condições da época, encarregou os abaixo-assinados, no Congresso de Londres, em novembro de 1847, de redigir e publicar um programa pormenorizado do partido, ao mesmo tempo teórico e prático. Foi essa a origem do presente *Manifesto*, cujo manuscrito foi enviado para ser impresso em Londres, algumas semanas antes da Revolução de Fevereiro.* Publicado primeiro em alemão, teve nesse idioma, até agora, pelo menos doze edições diferentes na Alemanha, na Inglaterra e na América do Norte. Traduzido por *miss* Helen Macfarlane, apareceu em inglês em 1850, no *Red Republican* e, em 1871, teve pelo menos três outras traduções na América do Norte. Em francês, apareceu em Paris um pouco antes da insurreição de junho de 1848 e, recentemente, em *Le Socialiste*, de Nova Iorque. Há, agora mesmo, uma outra tradução em preparo. Em Londres, fez-se outra em polonês, pouco tempo depois da primeira edição alemã. Uma tradução russa apareceu em Genebra, na década de 1860. Foi também traduzido para o dinamarquês logo depois da sua publicação original.

Embora as condições tenham mudado muito nos últimos 25 anos, os princípios gerais expostos no *Manifesto* conservam

---

* Referência à revolução de fevereiro de 1848 na França. [Nota do Instituto de marxismo-leninismo.]

ainda hoje, em seu conjunto, toda a sua exatidão. Certas partes deveriam ser retocadas. O próprio *Manifesto* explica que a aplicação desses princípios dependerá, sempre e em toda parte, das circunstâncias históricas existentes e que, por conseguinte, não se deve atribuir demasiada importância às medidas revolucionárias enumeradas no fim do segundo capítulo. Esse trecho, em mais de um aspecto, seria redigido atualmente de outro modo. Tendo em vista o desenvolvimento colossal da grande indústria nos últimos 25 anos e os progressos correspondentes da organização da classe operária em partido; tendo em vista, primeiro, a experiência da Revolução de Fevereiro e, depois, sobretudo, da Comuna de Paris, que pela primeira vez permitiu ao proletariado, durante dois meses, a posse do poder político, esse programa está agora envelhecido em alguns pontos. A Comuna demonstrou principalmente que "não basta que a classe operária se apodere da máquina do Estado existente para fazê-la servir a seus próprios fins". (Ver *A guerra civil na França. Manifesto do Conselho Geral da Associação Internacional dos Trabalhadores*, de 1871, onde essa ideia está mais extensamente desenvolvida.) Além do mais, é evidente que a crítica da literatura socialista é agora incompleta, pois interrompe-se em 1847; e, se as observações apresentadas sobre a posição dos comunistas diante dos diferentes partidos de oposição (capítulo IV) ainda são exatas nos seus princípios, envelheceram, entretanto, na aplicação, porque a situação política está completamente mudada e o desenvolvimento histórico fez desaparecer a maior parte dos partidos aí enumerados.

Não obstante, o *Manifesto* é um documento histórico que não temos mais o direito de modificar. Talvez uma edição posterior seja precedida de uma introdução que preencha a lacuna existente entre 1847 e nossos dias; a reimpressão atual foi tão inesperada para nós que não tivemos tempo de escrevê-la.

Londres, 24 de junho de 1872.
*K. Marx e F. Engels**

---

* Escrito por Marx e Engels para a edição alemã do *Manifesto do partido comunista*, publicada em Leipzig em 1872.

MANIFESTO DO PARTIDO COMUNISTA

Um espectro ronda a Europa — o espectro do comunismo. Todas as potências da velha Europa unem-se numa Santa Aliança para conjurá-lo: o papa e o czar, Metternich e Guizot, os radicais da França e os policiais da Alemanha.

Que partido de oposição não foi acusado de comunista por seus adversários no poder? Que partido de oposição, por sua vez, não lançou a seus adversários de direita ou de esquerda a pecha infame de comunista?

Duas conclusões decorrem desses fatos:

1º) O comunismo já é reconhecido como força por todas as potências da Europa.

2º) É tempo de os comunistas exporem, diante do mundo inteiro, seu modo de ver, seus fins e suas tendências, opondo um manifesto do próprio partido à lenda do espectro do comunismo.

Com esse fim, reuniram-se, em Londres, comunistas de várias nacionalidades e redigiram o manifesto seguinte, que será publicado em inglês, francês, alemão, italiano, flamengo e dinamarquês.

I. BURGUESES E PROLETÁRIOS*

A história de todas as sociedades que existiram até hoje** tem sido a história das lutas de classes.

Homem livre e escravo, patrício e plebeu, barão e servo, mestre de corporação*** e companheiro, numa palavra, opressores e oprimidos, em constante oposição, têm vivido numa guerra ininterrupta, ora aberta, ora disfarçada: uma guerra que sempre terminou ou por uma transformação revolucionária de toda a sociedade, ou pela destruição das duas classes em luta.

Nas épocas históricas mais remotas encontramos, quase por toda parte, uma divisão completa da sociedade em classes distintas, uma escala graduada de posições sociais. Na Roma antiga encontramos patrícios, cavaleiros, plebeus, escravos; na Idade Média, senhores, vassalos, mestres, companheiros, servos; e, em cada uma dessas classes, gradações especiais.

A sociedade burguesa moderna, que brotou das ruínas da sociedade feudal, não aboliu os antagonismos de classe. Não

---

* Por burguesia entende-se a classe dos capitalistas modernos, proprietários dos meios de produção social, que empregam o trabalho assalariado. Por proletariado, a classe dos trabalhadores assalariados modernos que, não tendo meios próprios de produção, são obrigados a vender sua força de trabalho para sobreviverem. [Nota de Friedrich Engels à edição inglesa de 1888.]

** Isto é, a história *escrita*. A pré-história, a organização social anterior a toda a história escrita, era praticamente desconhecida em 1847. Mais tarde, Haxthausen descobriu a propriedade comum da terra na Rússia, Maurer demonstrou ter sido essa a base social de onde derivaram historicamente todas as tribos teutônicas e, pouco a pouco, verificou-se que a comunidade rural era a forma primitiva da sociedade, desde a Índia até a Irlanda. Finalmente, a organização interna dessa sociedade comunista primitiva foi desvendada, em sua forma típica, pela descoberta decisiva de Morgan, da verdadeira natureza da *gens* e de seu lugar na tribo. Com a dissolução dessas comunidades primitivas, começa a divisão da sociedade em classes diferentes e, finalmente, antagônicas. Procurei analisar esse processo na obra *Der Ursprung der Familie, des Privateigentums und des Staats* (*A origem da família, da propriedade privada e do Estado*, 2 . ed., edição; Stuttgart, 1886). [Nota de Friedrich Engels à edição inglesa de 1888.]

*** Membro pleno de uma corporação, mestre dentro de uma corporação, e não o seu presidente. [Nota de Friedrich Engels à edição inglesa de 1888.]

fez mais do que estabelecer novas classes, novas condições de opressão, novas formas de luta em lugar das velhas. No entanto, a nossa época, a da burguesia, possui uma característica: simplificou os antagonismos de classes. A sociedade divide-se cada vez mais em dois campos opostos, em duas classes diametralmente opostas: a burguesia e o proletariado.

Dos servos da Idade Média nasceram os cidadãos livres dos burgos, das primeiras cidades; dessa população urbana saíram os primeiros elementos da burguesia.

A descoberta da América e a circunavegação da África ofereceram à burguesia em ascensão um novo campo de ação. Os mercados da Índia e da China, a colonização da América, o comércio colonial, o incremento dos meios de troca e, em geral, das mercadorias, imprimiram um impulso até então desconhecido ao comércio, à indústria, à navegação, e, por conseguinte, desenvolveram rapidamente o elemento revolucionário da sociedade feudal em decomposição.

A antiga organização feudal da indústria, em que esta era circunscrita a corporações fechadas, já não podia satisfazer às necessidades que cresciam com a abertura de novos mercados. A manufatura a substituiu. A pequena burguesia industrial suplantou os mestres das corporações; a divisão do trabalho entre as diferentes corporações desapareceu diante da divisão do trabalho dentro da própria oficina.

Todavia, os mercados ampliavam-se cada vez mais: a procura de mercadorias aumentava sempre. A própria manufatura tornou-se insuficiente; então o vapor e a maquinaria revolucionaram a produção industrial. A grande indústria moderna suplantou a manufatura; a média burguesia manufatureira cedeu lugar aos milionários da indústria, aos chefes de verdadeiros exércitos industriais, aos burgueses modernos.

A grande indústria criou o mercado mundial, preparado pela descoberta da América. O mercado mundial acelerou prodigiosamente o desenvolvimento do comércio, da navegação e dos meios de comunicação por terra. Esse desenvolvimento, por sua vez, refletiu na extensão da indústria; e, na medida em que a indústria, o comércio, a navegação e as estradas de ferro se desenvolviam, crescia também a burguesia, multiplicando seus capitais e deixando em segundo plano as classes legadas pela Idade Média.

Vemos, pois, que a própria burguesia moderna é o produto de um longo processo de desenvolvimento, de uma série de revoluções no modo de produção e de troca.

Cada etapa da evolução percorrida pela burguesia era acompanhada de um progresso político correspondente. Classe oprimida pelo despotismo feudal, associação armada administrando-se a si mesma na a comuna*; aqui, cidade-república independente, ali, terceiro estado, tributário da monarquia; depois, durante o período manufatureiro, contrapeso da nobreza na monarquia feudal ou absoluta, pedra angular das grandes monarquias; a burguesia, a partir do estabelecimento da grande indústria e do mercado mundial, conquistou, finalmente, a soberania política exclusiva no Estado representativo moderno. O governo moderno não é senão um comitê para gerir os negócios comuns de toda a classe burguesa.

A burguesia desempenhou na História um papel eminentemente revolucionário.

Onde quer que tenha conquistado o poder, a burguesia jogou por terra as relações feudais, patriarcais e idílicas. Despedaçou sem piedade todos os complexos e variados laços que prendiam o homem feudal a seus "superiores naturais",

---

* Comuna era o nome que se dava na França às cidades nascentes, mesmo antes de terem conquistado a autonomia local e os direitos políticos como "terceiro estado", libertando-se de seus amos e senhores feudais. De um modo geral, tomou-se a Inglaterra como país típico do desenvolvimento econômico da burguesia e a França como país típico de seu desenvolvimento político. [Nota de Friedrich Engels à edição inglesa de 1888.]

Os habitantes das cidades da Itália e da França assim chamavam as suas comunidades urbanas, depois de terem comprado ou conquistado aos senhores feudais os seus primeiros direitos a uma administração autônoma. [Nota de Friedrich Engels à edição alemã de 1890.]

para só deixar subsistir, entre um homem e outro, o laço do frio interesse, as duras exigências do "pagamento à vista". Afogou os fervores sagrados do êxtase religioso, do entusiasmo cavalheiresco, do sentimentalismo pequeno-burguês, nas águas geladas do cálculo egoísta. Fez da dignidade pessoal um simples valor de troca; substituiu as numerosas liberdades, conquistadas com tanto esforço, pela única e implacável liberdade de comércio. Em uma palavra, em lugar da exploração velada por ilusões religiosas e políticas, colocou uma exploração aberta, cínica, direta e brutal.

A burguesia despojou de sua auréola todas as atividades até então consideradas veneráveis e encaradas com piedoso respeito. Fez do médico, do jurista, do sacerdote, do poeta e do sábio seus servidores assalariados.

A burguesia rasgou o véu de sentimentalismo que envolvia as relações de família e reduziu-as a simples relações monetárias.

A burguesia revelou como a brutal manifestação de força na Idade Média, tão admirada pela reação, encontra seu complemento natural na ociosidade mais completa. Foi a primeira a provar o que pode realizar a atividade humana: criou maravilhas maiores que as pirâmides do Egito, os aquedutos romanos, as catedrais góticas; conduziu expedições que ofuscaram a glória até das antigas invasões e das Cruzadas.

A burguesia só pode existir com a condição de revolucionar incessantemente os instrumentos de produção, por conseguinte, as relações de produção e, com isso, todas as relações sociais. A conservação sem alterações do antigo modo de produção constituía, pelo contrário, a condição primeira da existência de todas as classes empreendedoras anteriores. Essa revolução contínua da produção, esse abalo constante de todo o sistema social, essa agitação permanente e essa falta de segurança distinguem a época burguesa de todas as precedentes. Dissolvem-se todas as relações sociais antigas e cristalizadas, com seu cortejo de concepções e de ideias secularmente veneradas; as relações que as substituem tornam-se antiquadas antes de terem um esqueleto que as sustente. Tudo o que era sólido e estável evapora-se, tudo o que era sagrado é profanado e os homens são, finalmente, obrigados a encarar com serenidade suas condições de existência e suas relações recíprocas.

Impelida pela necessidade de mercados sempre novos, a burguesia invade todo o globo. Necessita estabelecer-se em toda parte, explorar em toda parte, criar vínculos em toda parte.

Pela exploração do mercado mundial a burguesia imprime um caráter cosmopolita à produção e ao consumo em todos os países. Para desespero dos reacionários, retirou à indústria sua base nacional. As velhas indústrias nacionais foram destruídas e continuam a sê-lo diariamente. São suplantadas por novas indústrias, cuja introdução se torna uma questão vital para todas as nações civilizadas, indústrias que não empregam mais maté-rias-primas locais, mas matérias-primas vindas das regiões mais distantes, e cujos produtos se consomem não só no próprio país, mas também em todas as partes do globo. No lugar das antigas necessidades, satisfeitas pelos produtos nacionais, nascem novas necessidades, que exigem para sua satisfação os produtos das regiões mais longínquas e dos climas mais diversos. No lugar do antigo isolamento de regiões e nações que se bastavam a si mesmas, desenvolve-se um intercâmbio universal, uma interdependência universal das nações. E isso se refere tanto à produção material como à produção intelectual. As criações intelectuais de uma nação tornam-se propriedade comum de todas. A estreiteza e o exclusivismo nacionais tornam-se cada vez mais impossíveis; das inúmeras literaturas nacionais e locais, nasce uma literatura universal.

Devido ao rápido aperfeiçoamento dos instrumentos de produção e ao constante progresso dos meios de comunicação, a burguesia arrasta para a torrente da civilização até as nações mais bárbaras. Os preços baixos de seus produtos são a artilharia pesada que destrói todas as muralhas da China e obriga a capitularem os bárbaros mais tenazmente hostis aos estrangeiros. Sob pena de morte, ela obriga todas as nações a adotarem o modo burguês de produção, força-as a abraçar o que ela chama de civilização, isto é, a se tornarem burguesas. Em uma palavra, cria um mundo à sua imagem e semelhança.

A burguesia submeteu o campo ao domínio da cidade. Criou grandes centros urbanos; aumentou prodigiosamente a população das cidades em relação à dos campos e, com isso, arrancou uma grande parte da população do embrutecimento da vida rural. Do mesmo modo que subordinou o campo à cidade, os países bárbaros ou semibárbaros aos países civilizados, subordinou os povos camponeses aos povos burgueses, o Oriente ao Ocidente.

A burguesia suprime cada vez mais a dispersão dos meios de produção, da propriedade e da população. Aglomerou as populações, centralizou os meios de produção e concentrou a propriedade em poucas mãos. A consequência necessária dessas transformações foi a centralização política. Províncias independentes, ligadas apenas por frágeis laços federativos, possuindo interesses, leis, governos e tarifas alfandegárias diferentes, foram reunidas em uma só nação, com um só governo, uma só lei, um só interesse nacional de classe, uma só barreira alfandegária.

A burguesia, durante seu domínio de classe, de apenas cem anos, criou forças produtivas mais numerosas e mais colossais que todas as gerações passadas em conjunto. A subjugação das forças da natureza, as máquinas, a aplicação da química à indústria e à agricultura, a navegação a vapor, as estradas de ferro, o telégrafo elétrico, a exploração de continentes inteiros, a canalização dos rios, populações inteiras brotando da terra como por encanto — que século anterior teria suspeitado que semelhantes forças produtivas estivessem adormecidas no seio do trabalho social?

Vemos assim que: os meios de produção e de troca, sobre cuja base se ergue a burguesia, foram gerados no seio da sociedade feudal. Alcançado um certo grau do desenvolvimento desses meios de produção e de troca, as condições em que a sociedade feudal produzia e trocava, a organização feudal da agricultura e da manufatura, em suma, o regime feudal de propriedade, deixaram de corresponder às forças produtivas em pleno desenvolvimento. Entravavam a produção em vez de impulsioná-la. Transformaram-se em outros tantos grilhões que era preciso despedaçar; foram despedaçados.

Em seu lugar, estabeleceu-se a livre concorrência, com uma organização social e política correspondente, com a supremacia econômica e política da classe burguesa.

Assistimos hoje a um processo semelhante. As relações burguesas de produção e de troca, o regime burguês de propriedade, a sociedade burguesa moderna, que liberou gigantescos meios de produção e de troca, assemelha-se ao feiticeiro que já não pode controlar as potências infernais que pôs em movimento com suas palavras mágicas. Há dezenas de anos, a história da indústria e do comércio não é senão a história da revolta das forças produtivas modernas contra as modernas relações de produção e de propriedade que condicionam a existência da burguesia e seu domínio. Basta mencionar as crises comerciais, que, repetindo-se periodicamente, ameaçam cada vez mais a existência da sociedade burguesa. Cada crise destrói regularmente não só uma grande massa de produtos já fabricados, como também uma grande parte das próprias forças produtivas já desenvolvidas. Uma epidemia, que em qualquer outra época teria parecido um paradoxo, desaba sobre a sociedade — a epidemia da superprodução. Subitamente, a sociedade vê-se reconduzida a um estado de barbárie momentânea; diria-se que a fome ou uma guerra de extermínio cortaram-lhe todos os meios de subsistência; a indústria e o comércio parecem aniquilados. E por quê? Porque a sociedade possui demasiada civilização, demasiados meios de subsistência, demasiada indústria, demasiado comércio. As forças produtivas de que dispõe não mais favorecem o desenvolvimento das relações de propriedade burguesa; pelo contrário, tornaram-se poderosas demais para essas condições, que passam a entravá-las; e toda vez que as forças produtivas sociais se libertam desses entraves, precipitam na desordem a sociedade inteira e ameaçam a existência da propriedade burguesa. O sistema burguês tornou-se demasiado estreito para conter as riquezas criadas em seu seio. De que maneira consegue a burguesia vencer essas crises? De um lado, pela destruição violenta de grande quantidade de forças produtivas; de outro lado, pela conquista de novos mercados e pela exploração mais intensa dos antigos. A que leva isso? À preparação de crises mais intensas e destruidoras e à diminuição dos meios de evitá-las.

As armas que a burguesia utilizou para abater o feudalismo voltam-se hoje contra a própria burguesia.

A burguesia, porém, não forjou somente as armas que lhe trarão a morte; produziu também os homens que manejarão essas armas — os operários modernos, os *proletários*.

Com o desenvolvimento da burguesia, isto é, do capital, desenvolve-se também o proletariado, a classe dos operários modernos, que só podem viver se encontrarem trabalho, e que só encontram trabalho na medida em que este aumenta o capital. Esses operários, obrigados a vender-se diariamente, são mercadoria, artigo de comércio, como qualquer outro; em consequência, estão sujeitos a todas as vicissitudes da concorrência, a todas as flutuações do mercado.

O crescente emprego de máquinas e a divisão do trabalho, despojando o trabalho do operário de seu caráter autônomo, tiram-lhe todo atrativo. O produtor passa a ser um simples apêndice da máquina e só se requer dele a operação mais simples, mais monótona, mais fácil de aprender. Desse modo, o custo do operário se reduz, quase exclusivamente, aos meios de manutenção que lhe são necessários para viver e perpetuar sua existência. Ora, o preço do trabalho,[3] como de toda mercadoria, é igual ao custo de sua produção. Portanto, na medida em que aumenta o caráter enfadonho do trabalho, decrescem os salários. Mais ainda, a quantidade de trabalho cresce com o desenvolvimento do maquinismo e da divisão do trabalho, quer pelo prolongamento das horas de trabalho, quer pelo aumento do trabalho exigido em um tempo determinado, pela aceleração do movimento das máquinas etc.

A indústria moderna transformou a pequena oficina do antigo mestre da corporação patriarcal na grande fábrica do industrial capitalista. Massas de operários, amontoadas na fábrica, são organizadas militarmente. Como soldados da indústria, estão sob a vigilância de uma hierarquia completa de oficiais e suboficiais. Não são apenas escravos da classe burguesa, do Estado burguês, como também, diariamente, a toda hora, escravos da máquina, do contramestre e, sobretudo, do dono da fábrica. E esse despotismo é tanto mais mesquinho, odioso e exasperador quanto maior é a franqueza com que proclama ter no lucro seu objetivo exclusivo.

Quanto menos o trabalho exige habilidade e força, isto é, quanto mais a indústria moderna progride, tanto mais o trabalho dos homens é suplantado pelo das mulheres e crianças. As diferenças de idade e de sexo não têm mais importância social para a classe operária. Não há senão objetos de trabalho, cujo preço varia segundo a idade e o sexo.

Depois de sofrer a exploração do fabricante e de receber seu salário em dinheiro, o operário torna-se presa fácil de outros membros da burguesia, do locador, do comerciante, do agiota etc.

As camadas inferiores da antiga classe média, os pequenos industriais, pequenos comerciantes e pessoas que vivem de rendas, artesãos e camponeses, caem nas fileiras do proletariado: uns porque seu pequeno capital, não lhes permitindo empregar os processos da grande indústria, sucumbe na concorrência com os grandes capitalistas; outros porque sua habilidade profissional é desvalorizada pelos novos métodos de produção. Assim, o proletariado é recrutado em todas as classes da população.

O proletariado passa por diferentes fases de desenvolvimento. Logo que nasce começa sua luta contra a burguesia.

A princípio, a luta é assumida por operários isolados; mais tarde, por operários de uma mesma fábrica; finalmente, por operários do mesmo ramo de indústria, de uma mesma localidade, contra o burguês que os explora diretamente. Não se limitam a atacar as relações burguesas de produção, atacam os instrumentos de produção; destroem as mercadorias estrangeiras que lhes fazem concorrência, quebram as máquinas, queimam as fábricas e esforçam-se para reconquistar a desaparecida posição do artesão da Idade Média.

Nessa fase, os operários constituem uma massa disseminada por todo o país e dispersa pela concorrência. Se, às vezes, os operários se unem para agir em massa compacta, isso ainda não é o resultado de sua própria união, mas da união da burguesia que, para atingir seus próprios fins políticos, é levada a pôr em movimento todo o proletariado, o que ainda pode fazer provisoriamente. Durante essa fase, os proletários ainda não combatem seus próprios inimigos, mas os inimigos de seus inimigos, isto é, os restos da monarquia absoluta, os proprietários territoriais, os burgueses não industriais, os pequeno-burgueses. Todo o movimento histórico está desse modo concentrado nas mãos da burguesia e qualquer vitória alcançada nessas condições é uma vitória burguesa.

Mas, com o desenvolvimento da indústria, não somente aumenta o número de proletários, mas estes são concentrados em massas cada vez mais consideráveis; sua força cresce e eles adquirem maior consciência dela. Os interesses e as condições de vida dos proletários igualam-se cada vez mais, na medida em que a máquina extingue toda diferença do trabalho e, quase por toda parte, os salários são reduzidos a um nível igualmente baixo. Em virtude da concorrência crescente dos burgueses entre si e devido às crises comerciais que disso resultam, os salários se tornam cada vez mais instáveis; o aperfeiçoamento constante e cada vez mais rápido das máquinas torna a condição de vida dos operários cada vez mais precária; os choques individuais entre o operário e o burguês tomam cada vez mais o caráter de choques entre duas classes. Os operários começam a formar uniões contra os burgueses e atuam em comum na defesa de seus salários; chegam a fundar associações permanentes a fim de se prepararem para esses choques eventuais. Aqui e ali a luta se transforma em motim.

Às vezes, os operários triunfam; mas é um triunfo efêmero. O verdadeiro resultado de suas lutas não é o êxito imediato, mas a união cada vez mais ampla dos trabalhadores. Essa união é facilitada pelo crescimento dos meios de comunicação criados pela grande indústria e que permitem o contato entre operários de localidades diferentes. Ora, basta esse contato para centralizar as numerosas lutas locais, que têm o mesmo caráter em toda parte, em uma luta nacional, em uma luta de classes. Mas toda luta de classes é uma luta política. E a união que os habitantes das cidades da Idade Média levavam séculos para realizar, com seus caminhos vicinais, os proletários modernos realizam em alguns anos por meio das estradas de ferro.

A organização do proletariado em classe e, portanto, em partido político, é incessantemente destruída pela concorrência que fazem entre si os próprios operários. Mas renasce sempre, e cada vez mais forte, mais firme, mais poderosa. Aproveita-se das divisões internas da burguesia para obrigá-la ao reconhecimento legal de certos interesses da classe operária como, por exemplo, a lei da jornada de dez horas de trabalho na Inglaterra.

Em geral, os choques que se produzem na velha sociedade favorecem de diversos modos o desenvolvimento do proletariado. A burguesia vive em guerra perpétua; primeiro, contra a aristocracia; depois, contra as frações da própria burguesia cujos interesses se encontram em conflito com os progressos da indústria; e, sempre, contra a burguesia dos países estrangeiros. Em todas essas lutas, vê-se forçada a apelar para o proletariado, exigir sua ajuda e arrastá-lo assim para o movimento político, de modo que a burguesia fornece aos proletários os elementos de sua própria educação política, isto é, armas contra ela mesma.

Além disso, como já vimos, frações inteiras da classe dominante, em consequência do desenvolvimento da indústria, são precipitadas no proletariado, ou, pelo menos, ameaçadas em suas condições de vida. Também elas trazem ao proletariado numerosos elementos de esclarecimento e de progresso.

Finalmente, nos períodos em que a luta de classes se aproxima da hora decisiva, o processo de dissolução da classe dominante, de toda a velha sociedade, adquire um caráter tão violento e agudo, que uma pequena fração da classe dominante se desliga desta, ligando-se à classe revolucionária, a classe que traz em si o futuro. Do mesmo modo que, outrora, uma parte da nobreza passou-se para a burguesia, em nossos dias, uma parte da burguesia passa-se para o proletariado, particularmente uma parte dos ideólogos burgueses que chegaram à compreensão teórica do movimento histórico em seu conjunto.

De todas as classes que hoje se defrontam com a burguesia, só o proletariado é uma classe verdadeiramente revolucionária. As outras classes degeneram e perecem com o desenvolvimento da grande indústria; o proletariado, ao contrário, é seu produto mais autêntico.

As classes médias — pequenos comerciantes, pequenos fabricantes, artesãos, camponeses — combatem a burguesia porque esta compromete sua existência como classes médias. Não são, pois, revolucionárias, mas conservadoras; mais ainda, reacionárias, pois pretendem fazer girar para trás a roda da História. Quando são revolucionárias é em consequência de sua iminente passagem para o proletariado; não defendem então seus interesses imediatos, mas seus interesses futuros; abandonam seu próprio ponto de vista para se colocar no ponto de vista do proletariado.

O lumpemproletariado, esse produto passivo da putrefação das camadas mais baixas da velha sociedade, pode, às vezes, ser arrastado ao movimento por uma revolução proletária; todavia, suas condições de vida o predispõe mais a vender-se à reação.

Nas condições de existência do proletariado já estão destruídas as da velha sociedade. O proletário não tem propriedade; suas relações com a mulher e os filhos nada têm em comum com as relações familiares burguesas. O trabalho industrial moderno, a sujeição do operário pelo capital, tanto na Inglaterra como na França, na América como na Alemanha, despoja o proletário de todo caráter nacional. As leis, a moral, a religião, são para ele meros preconceitos burgueses, atrás dos quais se ocultam outros tantos interesses burgueses.

Todas as classes que no passado conquistaram o poder trataram de consolidar a situação adquirida submetendo a sociedade às suas condições de apropriação. Os proletários não podem apoderar-se das forças produtivas sociais sem abolir o modo de apropriação que era próprio a estas e, por conseguinte, todo meio de apropriação em vigor até hoje. Os proletários nada têm de seu a salvaguardar; sua missão é destruir todas as garantias e seguranças da propriedade privada existentes até agora.

Todos os movimentos históricos têm sido, até hoje, movimentos de minorias ou em proveito de minorias. O movimento proletário é o movimento independente da imensa maioria em proveito da imensa maioria. O proletariado, a camada inferior da sociedade atual, não pode erguer-se, pôr-se de pé, sem fazer saltar todos os estratos superpostos que formam a sociedade oficial.

A luta do proletariado contra a burguesia, embora, na essência, não seja uma luta nacional, toma, contudo, essa forma nos primeiros tempos. É natural que o proletariado de cada país deva, antes de tudo, liquidar sua própria burguesia.

Esboçando em linhas gerais as fases do desenvolvimento proletário, descrevemos a história da guerra civil, mais ou menos oculta, que se alastra na sociedade atual, até a hora em que essa guerra explode numa revolução aberta e o proletariado estabelece sua dominação pela derrubada violenta da burguesia.

Todas as sociedades anteriores, como vimos, se basearam no antagonismo entre classes opressoras e classes oprimidas. Mas para oprimir uma classe é preciso garantir-lhe condições tais que permitam pelo menos uma existência de escravo. O servo, em plena servidão, conseguia tornar-se membro da comuna, da mesma forma que o pequeno-burguês, sob o jugo do absolutismo feudal, elevava-se à categoria de burguês. O operário moderno, pelo contrário, longe de se elevar com o progresso da indústria, desce cada vez mais abaixo das condições de sua própria classe. O operário cai na indigência, e esta cresce mais rapidamente que a população e a riqueza. É, pois, evidente que a burguesia é incapaz de continuar desempenhando o papel de classe dominante e de impor à sociedade, como lei suprema, as condições de existência de sua classe. Não pode exercer o seu domínio porque não pode mais assegurar a existência de seu escravo, mesmo nas condições da sua escravidão, porque é obrigada a deixá-lo cair numa situação tal, que tem de ser ela a alimentá-lo, em vez de ser alimentada por ele. A sociedade não pode mais existir sob sua dominação, o que quer dizer que a existência da burguesia é, de agora em diante, incompatível com a da sociedade.

A condição essencial da existência e da supremacia da classe burguesa é a acumulação da riqueza nas mãos de particulares, a formação e o crescimento do capital; a condição de existência do capital é o trabalho assalariado. Este baseia-se exclusivamente na concorrência dos operários entre si. O progresso da indústria, de que a burguesia é agente passivo e inconsciente, substitui o isolamento dos operários, resultante de sua competição, por sua união revolucionária através da associação. Assim, o desenvolvimento da grande indústria mina o terreno em que a burguesia assentou o seu regime de produção e de apropriação dos produtos. Antes de mais nada, a burguesia produz seus próprios coveiros. Sua queda e a vitória do proletariado são igualmente inevitáveis.

II. PROLETÁRIOS E COMUNISTAS

Qual a posição dos comunistas diante dos proletários em geral?

Os comunistas não formam um partido à parte, oposto aos outros partidos operários.

Não têm interesses que os separem do proletariado em geral.

Não proclamam princípios particulares, segundo os quais pretenderiam modelar o movimento operário.

Os comunistas só se distinguem dos outros partidos operários em dois pontos: 1) nas diversas lutas nacionais dos proletários, destacam e fazem prevalecer os interesses comuns do proletariado, independentemente da nacionalidade; 2) nas diferentes fases por que passa a luta entre proletários e burgueses, representam, sempre e em toda parte, os interesses do movimento em seu conjunto.

Praticamente, os comunistas constituem, pois, a fração mais resoluta dos partidos operários de cada país, a fração que impulsiona as demais; teoricamente têm sobre o resto do proletariado a vantagem de uma compreensão nítida das condições, da marcha e dos fins gerais do movimento proletário.

O objetivo imediato dos comunistas é o mesmo que o de todos os demais partidos proletários: constituição dos proletários em classe, derrubada da supremacia burguesa, conquista do poder político pelo proletariado.

As concepções teóricas dos comunistas não se baseiam, de modo algum, em ideias ou princípios inventados ou descobertos por tal ou qual reformador do mundo.

São apenas a expressão geral das condições reais de uma luta de classes existente, de um movimento histórico que se desenvolve sob os nossos olhos. A abolição das relações de propriedade que têm existido até hoje não é uma característica peculiar e exclusiva do comunismo.

Todas as relações de propriedade têm passado por modificações constantes em consequência das contínuas transformações das condições históricas.

A Revolução Francesa, por exemplo, aboliu a propriedade feudal em proveito da propriedade burguesa.

O que caracteriza o comunismo não é a abolição da propriedade em geral, mas a abolição da propriedade burguesa. Ora, a propriedade privada atual, a propriedade burguesa, é a última e mais perfeita expressão do modo de produção e de apropriação baseado nos antagonismos de classes, na exploração de uma maioria pela minoria.

Nesse sentido, os comunistas podem resumir sua teoria nesta fórmula única: abolição da propriedade privada.

Censuram-nos, a nós comunistas, o querer abolir a propriedade pessoalmente adquirida, fruto do trabalho do indivíduo, propriedade que se declara ser a base de toda liberdade, de toda atividade, de toda independência individual.

A propriedade pessoal, fruto do trabalho e do mérito! Pretende-se falar da propriedade do pequeno-burguês, do pequeno camponês, forma de propriedade anterior à propriedade burguesa? Não precisamos aboli-la, porque o progresso da indústria já a aboliu e continua a aboli-la diariamente. Ou porventura pretende-se falar da propriedade privada atual, da propriedade burguesa?

Mas o trabalho do proletário, o trabalho assalariado cria propriedade para o proletário? De modo algum. Cria o capital, isto é, a propriedade que explora o trabalho assalariado e que só pode aumentar sob a condição de produzir novo trabalho assalariado, a fim de explorá-lo novamente. Em sua forma atual, a propriedade se move entre os dois termos antagônicos: capital e trabalho. Examinemos os dois termos dessa antinomia.

Ser capitalista significa ocupar não somente uma posição pessoal, mas também uma posição social na produção. O capital é um produto coletivo: só pode ser posto em movimento pelos esforços combinados de muitos membros da sociedade, e mesmo, em última instância, pelos esforços combinados de todos os membros da sociedade.

O capital não é, pois, uma força pessoal; é uma força social.

Assim, quando o capital é transformado em propriedade comum, pertencente a todos os membros da sociedade, não é uma propriedade pessoal que se transforma em propriedade social. O que se transformou foi apenas o caráter social da propriedade. Este perde seu caráter de classe.

Passemos ao trabalho assalariado.

O preço médio que se paga pelo trabalho assalariado é o mínimo de salário, isto é, a soma dos meios de subsistência necessários para que o operário viva como operário. Por conseguinte, o que o operário obtém com o seu trabalho é o estritamente necessário para a mera conservação e reprodução de sua vida. Não queremos de nenhum modo abolir essa apropriação pessoal dos produtos do trabalho, indispensável à manutenção e à reprodução da vida humana, pois essa apropriação não deixa nenhum lucro líquido que confira poder sobre o trabalho alheio. O que queremos é suprimir o caráter miserável dessa apropriação que faz com que o operário só viva para aumentar o capital e só viva na medida em que o exigem os interesses da classe dominante.

Na sociedade burguesa, o trabalho vivo é sempre um meio de aumentar o trabalho acumulado. Na sociedade comunista, o trabalho acumulado é sempre um meio de ampliar, enriquecer e melhorar cada vez mais a existência dos trabalhadores.

Na sociedade burguesa, o passado domina o presente; na sociedade comunista é o presente que domina o passado. Na sociedade burguesa, o capital é independente e pessoal, enquanto que o indivíduo que trabalha não tem nem independência nem personalidade.

É a abolição de semelhante estado de coisas que a burguesia equipara com a abolição da individualidade e da liberdade. E com razão. Porque se trata efetivamente de abolir a individualidade burguesa, a independência burguesa, a liberdade burguesa. Por liberdade, nas condições atuais da produção burguesa, compreende-se a liberdade de comércio, a liberdade de comprar e vender.

Mas, se o tráfico desaparece, desaparecerá também a liberdade de traficar. Essa fraseologia a respeito da liberdade de comércio, bem como todas as bravatas da nossa burguesia sobre a liberdade em geral, só têm sentido quando se referem ao comércio tolhido e ao burguês oprimido da Idade Média; nenhum sentido tem quando se trata da abolição comunista do tráfico, das relações burguesas de produção e da própria burguesia.

Horrorizai-vos porque queremos abolir a propriedade privada. Mas em vossa sociedade a propriedade privada está abolida para nove décimos de seus membros. E é precisamente porque não existe para esses nove décimos que ela existe para vós. Acusai-nos, portanto, de querer abolir uma forma de propriedade que só pode existir com a condição de privar de qualquer propriedade a imensa maioria da sociedade.

Em resumo, acusai-nos de querer abolir vossa propriedade. De fato, é isso que queremos.

Desde o momento em que o trabalho não pode mais ser convertido em capital, em dinheiro, em renda da terra, numa palavra, em poder social capaz de ser monopolizado, isto é, desde o momento em que a propriedade individual não possa mais se converter em propriedade burguesa, declarais que a individualidade está suprimida.

Confessais, pois, que quando falais do indivíduo, quereis referir-vos unicamente ao burguês, ao proprietário burguês. E esse indivíduo, sem dúvida, deve ser suprimido.

O comunismo não retira a ninguém o poder de apropriar-se de sua parte dos produtos sociais, apenas suprime o poder de escravizar o trabalho alheio por meio dessa apropriação.

Alega-se ainda que, com a abolição da propriedade privada, toda atividade cessaria, uma inércia geral apoderar-se-ia do mundo.

Se isso fosse verdade, há muito que a sociedade burguesa teria sucumbido à ociosidade, pois no regime burguês os que trabalham não lucram e os que lucram não trabalham. Toda a objeção se reduz a essa tautologia: não haverá mais trabalho assalariado quando não existir mais capital.

As acusações feitas contra o modo comunista de produção e de apropriação dos produtos materiais têm sido feitas igualmente contra a produção e a apropriação dos produtos do trabalho intelectual. Assim como o desaparecimento da propriedade de classe equivale, para o burguês, ao desaparecimento de toda a produção, também o desaparecimento da cultura de classe significa, para ele, o desaparecimento de toda a cultura.

A cultura, cuja perda o burguês deplora, é, para a imensa maioria dos homens, apenas um adestramento que os transforma em máquinas.

Mas não discutais conosco enquanto aplicardes à abolição da propriedade burguesa o critério de vossas noções burguesas de liberdade, cultura, direito etc. Vossas próprias ideias decorrem do regime burguês de produção e de propriedade burguesa, assim como vosso direito não passa da vontade de vossa classe erigida em lei, vontade cujo conteúdo é determinado pelas condições materiais de vossa existência como classe.

A falsa concepção interesseira que vos leva a erigir em leis eternas da natureza e da razão as relações sociais oriundas do vosso modo de produção e de propriedade — relações transitórias que surgem e desaparecem no curso da produção — a compartilhais com todas as classes dominantes já desaparecidas. O que admitis para a propriedade antiga, o que admitis para a propriedade feudal, já não vos atreveis a admitir para a propriedade burguesa.

Abolição da família! Até os mais radicais ficam indignados diante desse desígnio infame dos comunistas.

Sobre que fundamento repousa a família atual, a família burguesa? No capital, no ganho individual. A família, na sua plenitude, só existe para a burguesia, mas encontra seu complemento na supressão forçada da família para o proletário e na prostituição pública.

A família burguesa desvanece-se naturalmente com o desvanecer de seu complemento, e ambos desaparecerão com o desaparecimento do capital.

Acusai-nos de querer abolir a exploração das crianças por seus próprios pais? Confessamos esse crime.

Dizeis também que destruímos os vínculos mais íntimos, substituindo a educação doméstica pela educação social.

E vossa educação não é também determinada pela sociedade, pelas condições sociais em que educais vossos filhos, pela intervenção direta ou indireta da sociedade, por meio de vossas escolas etc.? Os comunistas não inventaram essa intromissão da sociedade na educação, apenas mudam seu caráter e arrancam a educação à influência da classe dominante.

As declarações burguesas sobre a família e a educação, sobre os doces laços que unem a criança aos pais, tornam-se cada vez mais repugnantes à medida que a grande indústria destrói todos os laços familiares do proletário e transforma as crianças em simples objetos de comércio, em simples instrumentos de trabalho.

Toda a burguesia grita em coro: "Vós, comunistas, quereis introduzir a comunidade das mulheres!"

Para o burguês, sua mulher nada mais é que um instrumento de produção. Ouvindo dizer que os instrumentos de produção serão explorados em comum, conclui naturalmente que haverá comunidade de mulheres. Não imagina que se trata precisamente de arrancar a mulher de seu papel atual de simples instrumento de produção.

Nada mais grotesco, aliás, que a virtuosa indignação de nossos burgueses sobre a pretensa comunidade oficial das mulheres que os comunistas adotariam. Os comunistas não precisam introduzir a comunidade das mulheres. Esta quase sempre existiu.

Nossos burgueses, não satisfeitos em ter à sua disposição as mulheres e as filhas dos proletários, sem falar da prostituição oficial, têm singular prazer em cornearem-se uns aos outros.

O casamento burguês é, na realidade, a comunidade das mulheres casadas. No máximo, poderiam acusar os comunistas de querer substituir uma comunidade de mulheres, hipócrita e dissimulada, por outra que seria franca e oficial. De resto, é evidente que, com a abolição das relações de produção atuais, a comunidade das mulheres que deriva dessas relações, isto é, a prostituição oficial e não oficial, desaparecerá.

Além disso, os comunistas são acusados de querer abolir a pátria, a nacionalidade.

Os operários não têm pátria. Não se pode tirar deles aquilo que não possuem. Como, porém, o proletariado tem por objetivo conquistar o poder político e erigir-se em classe dirigente da nação, tornar-se ele mesmo a nação, ele é, nessa medida, nacional, embora de maneira alguma no sentido burguês da palavra.

As demarcações e os antagonismos nacionais entre os povos desaparecem cada vez mais com o desenvolvimento da burguesia, com a liberdade de comércio e o mercado mundial, com a uniformidade da produção industrial e as condições de existência que lhes correspondem.

A supremacia do proletariado fará com que tais demarcações e antagonismos desapareçam ainda mais depressa. A ação comum do proletariado, pelo menos nos países civilizados, é uma das primeiras condições para sua emancipação.

Suprimi a exploração do homem pelo homem e tereis suprimido a exploração de uma nação por outra.

Quando os antagonismos de classe, no interior das nações, tiverem desaparecido, desaparecerá a hostilidade entre as próprias nações.

Quanto às acusações feitas aos comunistas em nome da religião, da filosofia e da ideologia em geral, estas não merecem um exame aprofundado.

Será preciso grande perspicácia para compreender que as ideias, as noções e as concepções, numa palavra, a consciência do homem se modifica com cada mudança em suas condições de vida, em suas relações sociais, em sua existência social?

O que demonstra a história das ideias senão que a produção intelectual se transforma com a produção material? As ideias dominantes de uma época sempre foram as ideias da classe dominante.

Quando se fala de ideias que revolucionam uma sociedade inteira, isso quer dizer que, no seio da velha sociedade, se formaram os elementos de uma nova sociedade, e que a dissolução das velhas ideias marcha ao lado da dissolução das antigas condições de vida.

Quando o mundo antigo declinava, as velhas religiões foram vencidas pela religião cristã; quando, no século XVIII, as ideias cristãs cederam lugar às ideias racionalistas, a sociedade feudal travava sua batalha decisiva contra a burguesia então revolucionária. As ideias de liberdade religiosa e de liberdade de consciência não fizeram mais que proclamar o império da livre concorrência no domínio do conhecimento.

"Sem dúvida — se dirá — as ideias religiosas, morais, filosóficas, políticas, jurídicas etc., modificaram-se no curso do desenvolvimento histórico, mas a religião, a moral, a filosofia, a política e o direito mantiveram-se sempre através dessas transformações.

Além disso, há verdades eternas, como a liberdade, a justiça etc., que são comuns a todos os regimes sociais. Mas o comunismo quer abolir essas verdades eternas, quer abolir a religião e a moral, em lugar de lhes dar uma nova forma, e isso contradiz todo o desenvolvimento histórico anterior."

A que se reduz essa acusação? A história de toda a sociedade até nossos dias consiste no desenvolvimento dos antagonismos de classes, antagonismos que têm se revestido de formas diferentes nas diferentes épocas.

Mas qualquer que tenha sido a forma desses antagonismos, a exploração de uma parte da sociedade por outra é um fato comum a todos os séculos anteriores. Portanto, nada há de espantoso que a consciência social de todos os séculos, apesar de toda sua variedade e diversidade, tenha se movido sempre sob certas formas comuns, formas de consciência que só se dissolverão completamente com o desaparecimento total dos antagonismos de classes.

A revolução comunista é a ruptura mais radical com as relações tradicionais de propriedade; não é de se estranhar, portanto, que no curso de seu desenvolvimento rompa, de modo mais radical, com as ideias tradicionais.

Mas deixemos de lado as objeções feitas pela burguesia ao comunismo.

Vimos acima que a primeira fase da revolução operária é o advento do proletariado como classe dominante, a conquista da democracia.

O proletariado utilizará sua supremacia política para arrancar pouco a pouco todo capital à burguesia, para centralizar todos os instrumentos de produção nas mãos do Estado, isto é, do proletariado organizado em classe dominante, e para aumentar, o mais rapidamente possível, o total das forças produtivas.

Isso naturalmente só poderá realizar-se, a princípio, por uma violação despótica do direito de propriedade e das relações de produção burguesas, isto é, pela aplicação de medidas que, do ponto de vista econômico, parecerão insuficientes e insustentáveis, mas que no desenrolar do movimento ultrapassarão a si mesmas e serão indispensáveis para transformar radicalmente todo o modo de produção.

Essas medidas, é claro, serão diferentes nos vários países.

Todavia, nos países mais adiantados, as seguintes medidas poderão geralmente ser postas em prática:

1. Expropriação da propriedade latifundiária e emprego da renda da terra em proveito do Estado.
2. Imposto fortemente progressivo.
3. Abolição do direito de herança.
4. Confisco da propriedade de todos os emigrados e sediciosos.
5. Centralização do crédito nas mãos do Estado por meio de um banco nacional com capital do Estado e com monopólio exclusivo.
6. Centralização, nas mãos do Estado, de todos os meios de transporte.
7. Multiplicação das fábricas e dos instrumentos de produção pertencentes ao Estado, cultivo das terras

improdutivas e melhoramento das terras cultivadas, segundo um plano geral.

8. Trabalho obrigatório para todos, organização de exércitos industriais, particularmente para a agricultura.

9. Combinação do trabalho agrícola e industrial, medidas com vistas a fazer desaparecer gradualmente a distinção entre a cidade e o campo.*

10. Educação pública e gratuita para todas as crianças, abolição do trabalho das crianças nas fábricas, tal como é praticado hoje. Combinação da educação com a produção material etc.

Uma vez desaparecidos os antagonismos de classe no curso do desenvolvimento e sendo concentrada toda a produção propriamente dita nas mãos dos indivíduos associados, o poder público perderá o seu caráter político. O poder político é o poder organizado de uma classe para a opressão de outra. Se o proletariado, em sua luta contra a burguesia, se constitui forçosamente em classe, se, através de uma revolução, se converte em classe dominante e, como classe dominante, destrói violentamente as antigas relações de produção, destrói, junto com essas, as condições dos antagonismos entre as classes, destrói as classes em geral e, com isso, sua própria dominação de classe.

Em lugar da antiga sociedade burguesa, com suas classes e antagonismos de classes, surge uma associação onde o livre desenvolvimento de cada um é a condição do livre desenvolvimento de todos.

---

* Na tradução inglesa editada por Engels em 1888 esse trecho foi redigido da seguinte forma:

"9. Combinação da agricultura com as indústrias manufatureiras; abolição gradual da distinção entre a cidade e o campo, mediante uma distribuição mais equitativa da população pelo país". [Nota da Editorial Vitória.]

III. LITERATURA SOCIALISTA E COMUNISTA

1. O socialismo reacionário

a) O socialismo feudal

Devido à sua posição histórica, as aristocracias da França e da Inglaterra tenderam a escrever panfletos contra a moderna sociedade burguesa. Na revolução francesa de julho de 1830 e no movimento reformador inglês,[4] tinham sucumbido mais uma vez sob os golpes dessa odiosa arrivista. Não podiam mais travar uma luta política séria; só lhes restava a luta literária. Mas, também no domínio literário, tornara-se impossível a velha fraseologia da Restauração.[*]

Para criar simpatias, era preciso que a aristocracia fingisse esquecer seus próprios interesses e dirigisse sua acusação contra a burguesia, aparentando defender apenas os interesses da classe operária explorada. Desse modo, entregou-se ao prazer de cantarolar sátiras sobre os novos senhores, sussurrando-lhes aos ouvidos profecias de mau agouro.

Assim nasceu o socialismo feudal, onde se misturavam lamentações e panfletos, ecos do passado e ameaças sobre o futuro. Se, às vezes, a sua crítica amarga, mordaz e espirituosa feriu a burguesia no coração, sua impotência absoluta de compreender a marcha da História moderna terminou surtindo sempre um efeito cômico.

À guisa de bandeira, esses senhores levantaram a sacola do mendigo, a fim de atrair o povo; mas logo que este acorreu, notou que suas costas estavam ornadas com os velhos brasões feudais e dispersou-se com gargalhadas sonoras e irreverentes.

Uma parte dos legitimistas franceses e a "Jovem Inglaterra" ofereceram ao mundo esse espetáculo divertido.[5]

---

[*] Não se trata da Restauração inglesa de 1660-1689, mas da francesa de 1814-1830. [Nota de Friedrich Engels à edição inglesa de 1888.]

Quando os campeões do feudalismo demonstram que o modo de exploração feudal era diferente do da burguesia, esquecem uma coisa: que o feudalismo explorava em circunstâncias completamente diversas e, hoje em dia, caducas. Quando ressaltam que sob o regime feudal o proletariado moderno não existia, esquecem uma coisa: que a burguesia moderna é precisamente um fruto necessário de seu regime social.

Aliás, ocultam tão mal o caráter reacionário de sua crítica, que sua principal queixa contra a burguesia consiste justamente em dizer que esta assegura sob o seu regime o desenvolvimento de uma classe que fará ir pelos ares toda a antiga ordem social. O que mais reprovam à burguesia não é o fato de ter criado o proletariado em geral, mas de ter criado um proletariado *revolucionário.*

Por isso, na luta política, participam ativamente de todas as medidas de repressão contra a classe operária. E, na vida diária, a despeito de sua pomposa fraseologia, conformam-se em colher as maçãs douradas caídas da árvore da indústria e trocar a lealdade, o amor e a honra pelo comércio de lã, açúcar de beterraba e aguardente.*

Do mesmo modo que o pároco e o senhor feudal marcharam sempre de mãos dadas, o socialismo clerical marcha lado a lado com o socialismo feudal.

Nada mais fácil que dar um verniz socialista ao ascetismo cristão. O cristianismo também não se ergueu contra a propriedade privada, o matrimônio e o Estado? E em seu lugar não pregou a caridade e a pobreza, o celibato e a mortificação da carne, a vida monástica e a Igreja? O socialismo cristão não passa da água-benta com que o padre consagra o despeito da aristocracia.

---

* Isso se refere sobretudo à Alemanha, onde os latifundiários aristocratas e os *junkers* cultivam por conta própria grande parte de suas terras com a ajuda de administradores e são, além disso, grandes produtores de açúcar de beterraba e destiladores de aguardente de batata. Os mais prósperos aristocratas britânicos ainda não desceram a tanto, mas também sabem como compensar a diminuição de suas rendas, emprestando seus nomes aos fundadores de sociedades anônimas de reputação mais ou menos duvidosa. [Nota de Friedrich Engels à edição inglesa de 1888.]

b) O socialismo pequeno-burguês

Não é a aristocracia feudal a única classe arruinada pela burguesia, não é a única classe cujas condições de vida se atrofiam e perecem na sociedade burguesa moderna. Os pequeno-burgueses e os pequenos camponeses da Idade Média foram os precursores da burguesia moderna. Nos países onde o comércio e a indústria são pouco desenvolvidos, essa classe continua a vegetar ao lado da burguesia em ascensão.

Nos países onde a civilização moderna é florescente, formou-se uma nova classe de pequeno-burgueses, que oscila entre o proletariado e a burguesia; fração complementar da sociedade burguesa, ela se reconstitui incessantemente. Mas os indivíduos que a compõem veem-se constantemente precipitados no proletariado, devido à concorrência; e, com a marcha progressiva da grande indústria, sentem aproximar-se o momento em que desaparecerão por completo como fração independente da sociedade moderna e em que serão substituídos no comércio, na manufatura, na agricultura, por capatazes e empregados.

Nos países como a França, onde os camponeses constituem bem mais da metade da população, é natural que os escritores que se batiam pelo proletariado contra a burguesia aplicassem critérios pequeno-burgueses e camponeses à sua crítica do regime burguês e defendessem a causa operária do ponto de vista da pequena burguesia. Assim se formou o socialismo pequeno-burguês. Sismondi é o chefe dessa literatura, não só na França como também na Inglaterra.

Esse socialismo analisou profundamente as contradições inerentes às relações de produção modernas. Pôs a nu as hipócritas apologias dos economistas. Demonstrou de maneira irrefutável os efeitos mortíferos das máquinas e da divisão do trabalho, a concentração dos capitais e da propriedade territorial, a superprodução, as crises, a decadência inevitável dos pequeno-burgueses e camponeses, a miséria do proletariado, a anarquia na produção, a clamorosa desproporção na distribuição das riquezas, a guerra industrial de extermínio entre as nações, a dissolução dos velhos costumes, das velhas relações de família, das velhas nacionalidades.

Todavia,afinalidaderealdessesocialismopequeno-burguês é ou restabelecer os antigos meios de produção e de troca e, com eles, as antigas relações de propriedade e a velha sociedade, ou então fazer entrar à força os modernos meios de produção e de troca no quadro estreito das antigas relações de propriedade que, necessariamente, foram destruídas e despedaçadas por eles. Num e noutro caso, esse socialismo é, ao mesmo tempo, reacionário e utópico.

Para a manufatura, o regime corporativo; para a agricultura, o regime patriarcal: eis a sua última palavra.

Por fim, quando os obstinados fatos históricos fizeram passar completamente os efeitos embriagadores do autoengano, essa escola socialista caiu numa depressão deplorável.

c) O socialismo alemão ou o "verdadeiro" socialismo

A literatura socialista e comunista da França, nascida sob a pressão de uma burguesia dominante, expressão literária da revolta contra esse domínio, foi introduzida na Alemanha quando a burguesia começava a sua luta contra o absolutismo feudal.

Filósofos, semifilósofos e homens de letras alemães lançaram-se avidamente sobre essa literatura, mas esqueceram que, com a importação da literatura francesa na Alemanha, não eram importadas ao mesmo tempo as condições sociais da França. Nas condições alemãs, a literatura francesa perdeu toda a significação prática imediata e tomou um caráter puramente literário. Aparecia apenas como especulação ociosa sobre a realização da natureza humana. Por isso, as reivindicações da primeira revolução francesa só eram, para os filósofos alemães do século XVIII, as reivindicações da "razão prática" em geral; e a manifestação da vontade dos burgueses revolucionários da França não expressava a seus olhos senão as leis da vontade pura, da vontade tal como deve ser, da vontade verdadeiramente humana.

O trabalho dos literatos alemães limitou-se a colocar as ideias francesas em harmonia com a sua velha consciência filosófica, ou, antes, a apropriar-se das ideias francesas sem abandonar seu próprio ponto de vista filosófico.

Apropriaram-se delas como se assimila uma língua estrangeira: pela tradução.

Sabe-se que os monges recobriam os manuscritos das obras clássicas da antiguidade pagã com absurdas lendas sobre santos católicos. Os literatos alemães agiram em sentido inverso a respeito da literatura francesa profana. Introduziram suas insanidades filosóficas no original francês. Por exemplo, sob a crítica francesa das funções do dinheiro, escreveram "alienação humana"; sob a crítica francesa do Estado burguês, escreveram "eliminação do poder da universalidade abstrata" , e assim por diante.

A essa inserção da fraseologia filosófica nas teorias francesas deram o nome de "filosofia da ação", "verdadeiro socialismo" "ciência alemã do socialismo", "justificação filosófica do socialismo" etc.

Desse modo, emascularam completamente a literatura socialista e comunista francesa. E como nas mãos dos alemães essa literatura deixou de ser a expressão da luta de uma classe contra outra, eles se felicitaram por ter-se elevado acima da "estreiteza francesa" e ter defendido não verdadeiras necessidades, mas a "necessidade do verdadeiro"; não os interesses do proletário, mas os interesses do ser humano, do homem em geral, do homem que não pertence a nenhuma classe nem a realidade alguma e que só existe no céu nebuloso da fantasia filosófica.

Esse socialismo alemão, que tão solenemente levava a sério seus desajeitados exercícios de escolar e que os apregoava tão charlatanescamente, perdeu, pouco a pouco, seu inocente pedantismo.

A luta da burguesia alemã e especialmente da burguesia prussiana contra os senhores feudais e a monarquia absoluta, numa palavra, o movimento liberal, tornou-se mais séria.

Desse modo, apresentou-se ao "verdadeiro" socialismo a tão desejada oportunidade de contrapor ao movimento político as reivindicações socialistas. Pôde lançar os anátemas tradicionais contra o liberalismo, o regime representativo, a concorrência burguesa, a liberdade burguesa de imprensa, o direito burguês, a liberdade e a igualdade burguesa; pôde pregar às massas que nada tinham a ganhar, mas, pelo contrário, tudo a perder nesse movimento burguês. O socialismo alemão esqueceu, muito a propósito, que a crítica francesa, da qual era um eco monótono, pressupunha a sociedade burguesa moderna, com as condições materiais de existência que lhe correspondem e uma constituição política adequada — exatamente as coisas pelas quais se começava a lutar na Alemanha.

Para os governos absolutos da Alemanha, com seu cortejo de padres, pedagogos, fidalgos rurais e burocratas, esse socialismo converteu-se em espantalho para amedrontar a burguesia que se erguia ameaçadora.

Juntou sua hipocrisia adocicada aos tiros e às chicotadas com que esses mesmos governos respondiam aos levantes dos operários alemães.

Se o "verdadeiro" socialismo se tornou assim uma arma nas mãos dos governos contra a burguesia alemã, representava além disso, imediatamente, um interesse reacionário, o interesse da pequena burguesia alemã. A classe dos pequeno-burgueses, legada pelo século XVI, e desde então renascendo sem cessar sob formas diversas, constitui na Alemanha a verdadeira base social do regime estabelecido.

Mantê-la é manter na Alemanha o regime estabelecido. A supremacia industrial e política da burguesia ameaça a pequena burguesia de destruição certa, de um lado pela concentração dos capitais; de outro, pelo desenvolvimento de um proletariado revolucionário. O "verdadeiro" socialismo pareceu aos pequeno-burgueses uma arma capaz de aniquilar esses dois inimigos. Propagou-se como uma epidemia.

A roupagem tecida com os fios imateriais da especulação, bordada com as flores da retórica e banhada de orvalho sentimental, essa roupagem na qual os socialistas alemães envolveram o miserável esqueleto das suas "verdades eternas", aumentou mais ainda a venda de sua mercadoria entre tal público.

Por outro lado, o socialismo alemão compreendeu cada vez mais que sua vocação era ser o representante grandiloquente dessa pequena burguesia.

Proclamou que a nação alemã era a nação-modelo, e o pequeno-burguês alemão, o homem-modelo. A todas as infâmias desse homem-modelo deu um sentido oculto, um sentido superior e socialista, que as tornava exatamente o contrário do que eram. Foi consequente até o fim, levantando-se contra a tendência "brutalmente destruidora" do comunismo, declarando que pairava imparcialmente acima de todas as lutas de classes. Com poucas exceções, todas as pretensas publicações socialistas ou comunistas que circulam na Alemanha pertencem a essa imunda e enervante literatura.[*]

2. O socialismo conservador ou burguês

Uma parte da burguesia procura remediar os males sociais com o fim de consolidar a sociedade burguesa.

Nessa categoria enfileiram-se os economistas, os filantropos, os humanitários, os que se ocupam em melhorar a sorte da classe operária, os organizadores de beneficências, os protetores dos animais, os fundadores das sociedades antialcoólicas, enfim, os reformadores de gabinete de toda categoria. Chegou-se até a elaborar esse socialismo burguês em sistemas completos.

Como exemplo, citemos a *Filosofia da miséria*, de Proudhon. Os socialistas burgueses querem as condições de vida da socie-

---

[*] A tormenta revolucionária de 1848 varreu toda essa lastimável escola e tirou de seus partidários qualquer vontade de continuar brincando de socialismo. O principal representante e o tipo clássico dessa escola é o sr. Karl Grün. [Nota de Friedrich Engels à edição alemã de 1890.]

dade moderna sem as lutas e os perigos que dela decorrem fatalmente. Querem a sociedade atual, mas eliminando os elementos que a revolucionam e a dissolvem. Querem a burguesia sem o proletariado. Como é natural, a burguesia concebe o mundo em que domina como o melhor dos mundos possíveis. O socialismo burguês elabora essa concepção consoladora em um sistema mais ou menos completo. Quando convida o proletariado a realizar esses sistemas e entrar na nova Jerusalém, o que pretende no fundo é induzi-lo a manter-se na sociedade atual, desembaraçando-se, porém, do ódio que ele dedica a essa sociedade.

Uma outra forma desse tipo de socialismo, menos sistemática, porém mais prática, procura fazer com que os operários se afastem de qualquer movimento revolucionário, demonstrando-lhes que não será tal ou qual mudança política, mas somente uma transformação das condições materiais de existência, nas relações econômicas, que poderá ser proveitosa para eles. Por transformação das condições materiais de existência esse socialismo não tem em mente, em absoluto, a abolição das relações burguesas de produção — o que só é possível por via revolucionária — mas, apenas, reformas administrativas fundamentadas nessas condições de produção e que, portanto, não afetam as relações entre o capital e o trabalho assalariado, servindo, na melhor das hipóteses, para diminuir os gastos da burguesia com seu domínio e simplificar o trabalho administrativo de seu Estado.

O socialismo burguês só atinge uma expressão adequada quando se torna uma simples figura de retórica.

Livre comércio, no interesse da classe operária! Tarifas protetoras, no interesse da classe operária! Prisões celulares* no interesse da classe operária! Eis sua última palavra, a única pronunciada seriamente pelo socialismo burguês.

Ele se resume nesta frase: os burgueses são burgueses — no interesse da classe operária.

---

* Na edição inglesa de 1888, editada por F. Engels, diz-se: "Reforma penitenciária" (*prison reform*). [Nota do Instituto de marxismo-leninismo.]

3. O socialismo e o comunismo crítico-utópicos

Não se trata aqui da literatura que formulou as reivindicações do proletariado, em todas as grandes revoluções modernas (escritos de Babeuf etc.).

As primeiras tentativas diretas do proletariado para fazer prevalecerem seus próprios interesses de classe, feitas numa época de efervescência geral, no período da derrubada da sociedade feudal, fracassaram, necessariamente, não só por causa do estado embrionário do próprio proletariado, mas também devido à ausência das condições materiais de sua emancipação, condições que surgem apenas como produto do advento da época burguesa. A literatura revolucionária que acompanhava esses primeiros movimentos do proletariado teve, forçosamente, um conteúdo reacionário. Preconizava um ascetismo geral e um grosseiro igualitarismo.

Os sistemas socialistas e comunistas propriamente ditos, os de Saint-Simon, Fourier, Owen etc., surgem no primeiro período da luta entre o proletariado e a burguesia, período que descrevemos acima. (Ver o capítulo "Burgueses e proletários").

Os fundadores desses sistemas compreendem bem o antagonismo das classes, assim como a ação dos elementos destruidores na própria sociedade dominante. Mas não percebem no proletariado nenhuma iniciativa histórica, nenhum movimento político que lhe seja próprio.

Como o desenvolvimento dos antagonismos de classe acompanha o desenvolvimento da indústria, não distinguem tampouco as condições materiais da emancipação do proletariado e põem-se à procura de uma ciência social, de leis sociais que permitam criar essas condições.

A atividade social é substituída por sua própria imaginação pessoal; as condições históricas da emancipação, por condições fantasiosas; a organização gradual e espontânea do proletariado em classe, pela organização de uma sociedade pré-fabricada por eles. A história futura do mundo se resume, para eles, na propaganda e na prática de seus planos de organização social.

Na elaboração de seus planos, têm a convicção de defender antes de tudo os interesses da classe operária, porque é a classe mais sofredora. A classe operária só existe para eles sob esse aspecto de classe mais sofredora.

O estágio rudimentar da luta de classes e sua própria posição social os levam a considerar-se bem acima de qualquer antagonismo de classe. Desejam melhorar as condições materiais de vida para todos os membros da sociedade, mesmo os mais privilegiados. Por isso, não param de apelar indistintamente para toda a sociedade e, de preferência, dirigem-se à classe dominante. Pois, na verdade, basta compreender seu sistema para reconhecer que é o melhor dos planos possíveis para a melhor das sociedades possíveis.

Repelem, portanto, toda ação política e, sobretudo, toda ação revolucionária, procuram atingir seu fim por meios pacíficos e tentam abrir um caminho ao novo evangelho social pela força do exemplo, por experiências em pequena escala que, naturalmente, sempre fracassam.

A descrição fantasiosa da sociedade futura, feita numa época em que o proletariado, ainda pouco desenvolvido, encara sua própria posição de um modo fantasioso, corresponde às primeiras aspirações instintivas dos operários a uma completa transformação da sociedade.

Mas essas obras socialistas e comunistas encerram também elementos críticos. Atacam a sociedade existente em suas bases. Por isso, forneceram material extremamente valioso para o esclarecimento dos operários. Mas suas propostas positivas relativas à sociedade futura, tais como a supressão da distinção entre a cidade e o campo, a abolição da família, do lucro privado e do trabalho assalariado, a proclamação da harmonia social e a transformação do Estado em mero administrador da produção, todas essas propostas apenas anunciam o desaparecimento do antagonismo entre as classes, antagonismo que mal começa e que é conhecido por esses autores somente em suas formas imprecisas. Assim, essas propostas têm um sentido puramente utópico.

A importância do socialismo e do comunismo crítico-utópicos está na razão inversa do desenvolvimento histórico. À medida que a luta de classes se acentua e toma formas mais definidas, o fantástico afã de abstrair-se dela, essa fantástica oposição que lhe é feita, perde qualquer valor prático, qualquer justificação teórica. Por isso, se os fundadores desses sistemas eram revolucionários em muitos aspectos, as seitas formadas por seus discípulos são sempre reacionárias, pois se aferram às velhas concepções de seus mestres apesar do ulterior desenvolvimento histórico do proletariado. Procuram, portanto, e nisso são consequentes, atenuar a luta de classes e conciliar os antagonismos. Continuam a sonhar com a realização experimental de suas utopias sociais: estabelecimento de falanstérios isolados, criação de colônias do interior, fundação de uma pequena Icária,* edição *in* 12 da Nova Jerusalém e, para dar realidade a todos esses castelos no ar, veem-se obrigados a apelar para os bons sentimentos e os cofres dos filantropos burgueses. Pouco a pouco, caem na categoria dos socialistas reacionários ou conservadores descritos acima, e só se distinguem deles por um pedantismo mais sistemático e uma fé supersticiosa e fanática na eficácia miraculosa de sua ciência social.

Opõem-se, pois, encarniçadamente, a qualquer ação política da classe operária, porque, em sua opinião, tal ação só pode provir de uma cega falta de fé no novo evangelho.

Desse modo, os owenistas, na Inglaterra, e os fourieristas, na França, reagem respectivamente contra os cartistas e os reformistas. **

---

* Falanstérios eram colônias socialistas projetadas por Charles Fourier; Icária era o nome dado por Cabet a seu país utópico e, mais tarde, à sua colônia comunista na América. [Nota de Friedrich Engels à edição inglesa de 1888.]

Colônias no interior (*home-colonies*): era como Owen chamava as suas sociedades comunistas-modelo. Falanstérios: eram os palácios sociais projetados por Fourier. Chamava-se Icária o país fantástico cujas instituições comunistas Cabet descreveu. [Nota de Friedrich Engels à edição alemã de 1890.]

** Refere-se aos partidários do jornal *La Réforme,* editado em Paris entre 1843 e 1850. [Nota do Instituto de marxismo-leninismo.]

IV. A POSIÇÃO DOS COMUNISTAS PERANTE OS VÁRIOS PARTIDOS DE OPOSIÇÃO

O que já dissemos no capítulo II basta para determinar a posição dos comunistas diante dos partidos operários já constituídos e, por conseguinte, sua posição diante dos cartistas na Inglaterra e dos reformadores agrários na América do Norte.

Os comunistas combatem pelos interesses e objetivos imediatos da classe operária, mas, ao mesmo tempo, defendem e representam, no movimento atual, o futuro do movimento. Na França, aliam-se ao partido democrático-socialista* contra a burguesia conservadora e radical, reservando-se o direito de criticar as frases e as ilusões legadas pela tradição revolucionária.

Na Suíça, apoiam os radicais, sem esquecer que esse partido se compõe de elementos contraditórios, metade democráticos-socialistas, na acepção francesa da palavra, metade burgueses radicais.

Na Polônia, os comunistas apoiam o partido que vê numa revolução agrária a condição da libertação nacional, isto é, o partido que desencadeou a insurreição de Cracóvia, em 1846.[6]

Na Alemanha, o partido comunista luta de acordo com a burguesia, todas as vezes que esta age revolucionariamente: contra a monarquia absoluta, a propriedade rural feudal e o espírito pequeno-burguês.

---

* Esse partido era representado no Parlamento por Ledru-Rollin, na literatura por Louis Blanc, na imprensa diária por *La Réforme*. O nome democrático-socialista significava, para estes seus inventores, a parte do partido democrático ou republicano que tinha uma coloração mais ou menos socialista. [Nota de Friedrich Engels à edição inglesa de 1888.]

O que então se chamava na França partido democrático-socialista era representado na política por Ledru-Rollin e na literatura por Louis Blanc; estava, pois, a cem mil léguas da social-democracia alemã atual. [Nota de Friedrich Engels à edição alemã de 1890.]

Mas nunca, em nenhum momento, esse partido se descuida de despertar nos operários uma consciência clara e nítida do violento antagonismo que existe entre a burguesia e o proletariado, para que, na hora precisa, os operários alemães saibam converter as condições sociais e políticas, criadas pelo regime burguês, em armas contra a burguesia, a fim de que, uma vez destruídas as classes reacionárias da Alemanha, possa ser travada a luta contra a própria burguesia.

É para a Alemanha, sobretudo, que se volta a atenção dos comunistas, porque a Alemanha se encontra às vésperas de uma revolução burguesa; e porque realizará essa revolução nas condições mais avançadas da civilização europeia e com um proletariado infinitamente mais desenvolvido que o da Inglaterra no século XVII e o da França no século XVIII e, portanto, a revolução burguesa alemã poderá ser o prelúdio de uma revolução proletária imediata.

Em resumo, em toda parte os comunistas apoiam qualquer movimento revolucionário contra a ordem social e política vigente.

Em todos esses movimentos põem em primeiro lugar, como questão fundamental, a questão da propriedade, qualquer que seja a forma, mais ou menos desenvolvida, de que esta se revista.

Finalmente, os comunistas trabalham pela união e entendimento dos partidos democráticos de todos os países.

Os comunistas não se rebaixam a dissimular suas opiniões e seus fins. Declaram abertamente que seus objetivos só podem ser alcançados pela derrubada violenta de toda a ordem social existente. Que as classes dominantes tremam diante da ideia da revolução comunista! Os proletários nada têm a perder com ela, a não ser suas cadeias. E têm um mundo a ganhar.

Proletários de todos os países, uni-vos![*]

---

[*] Escrito por K. Marx e F. Engels em dezembro de 1847/janeiro de 1848. Publicado pela primeira vez em Londres, em fevereiro de 1848.

NOTAS

1 Este prefácio foi escrito por Engels a 1º de maio de 1890, dia em que, conforme a decisão do Congresso de Paris da Segunda Internacional (julho de 1889), realizaram-se em vários países europeus e americanos manifestações, greves e reuniões de massas. Os operários apresentaram a reivindicação do dia de trabalho de oito horas e outras reivindicações enunciadas pelo Congresso. Desde então os operários de todos os países celebram todos os anos o 1º de Maio como o dia da solidariedade internacional do proletariado. [Nota da edição inglesa da Edições Progresso, de Moscou.]

2 Castelo na povoação do mesmo nome, não muito longe da atual Leningrado, onde se escondeu Alexandre III, sob a proteção da polícia e do exército, depois da morte do czar Alexandre II nas mãos da organização secreta "Vontade do Povo" (1º de março de 1881). Alexandre III temia novas ações terroristas do comitê executivo da referida organização secreta. [Nota da edição portuguesa.]

3 Nos seus trabalhos posteriores Marx e Engels usam, em vez dos conceitos "valor do trabalho" e "preço do trabalho", os conceitos mais exatos que Marx introduziu — "valor da

força de trabalho" e "preço da força de trabalho". A esse propósito ver os comentários de Engels na sua introdução de 30 de abril de 1891 à nova edição da obra de Marx, *Trabalho assalariado e capital*. [Nota da edição alemã de 1970.]

4 Referência ao movimento por uma reforma da lei eleitoral, que, sob pressão do povo, foi aprovada pela Câmara dos Comuns em 1831 e ratificada pela Câmara dos Lordes em junho de 1832. Essa reforma dirigia-se contra o domínio monopolista da aristocracia rural e financeira e deu acesso ao Parlamento para os representantes da burguesia industrial. O proletariado e a pequena burguesia, que constituíram a principal força na luta, foram ludibriados pela burguesia liberal, e não lhes foram concedidos direitos eleitorais. [Nota da edição portuguesa.]

5 *Legitimistas* — partidários da dinastia dos Bourbons, destituída em 1830; representavam os interesses do latifúndio hereditário. Em luta contra a dinastia reinante de Orléans, no poder de 1830 a 1848, que se apoiava na aristocracia financeira e na grande burguesia, um setor dos legitimistas enveredou pela demagogia social e pretendeu passar-se por protetor dos trabalhadores contra a exploração burguesa *Jovem Inglaterra* (*Young England*) — grupo formado por volta de 1842 por aristocratas, políticos e literatos ingleses que aderiram aos *tories,* o Partido Conservador. Benjamin Disraeli (1804-1881) e Thomas Carlyle (1795-1881) foram ilustres representantes da "Jovem Inglaterra".
Os defensores da "Jovem Inglaterra", que exprimiam o descontentamento da aristocracia agrária perante o poder econômico e político crescente da burguesia, recorreram a ardis demagógicos para sujeitar a classe operária à sua influência e utilizá-la na sua luta contra a burguesia. No *Manifesto do partido comunista* Marx e Engels caracterizam as opiniões desses defensores como "socialismo feudal", [Nota da edição alemã de 1970.]

6 Democratas poloneses revolucionários sublevaram-se a 22 de fevereiro de 1846 no Estado Livre de Cracóvia, que desde 1815 estava submetido ao controle comum da Áustria, da Rússia e da Prússia, formaram um governo nacional e lançaram um manifesto sobre a abolição das amarras feudais. A insurreição foi esmagada no início de março de 1846.

Em fevereiro de 1846 foi preparada, em quase todos os territórios poloneses, uma sublevação que visava a libertação nacional da Polônia. Os iniciadores dessa sublevação foram, principalmente, democratas revolucionários poloneses. Em consequência da traição de elementos da baixa nobreza e da prisão dos chefes da insurreição pela polícia prussiana, a revolta geral malogrou e só aconteceram distúrbios revolucionários isolados, como no Estado Livre de Cracóvia, e entre os camponeses ucranianos da Galícia. Explorando os antagonismos de classes e os antagonismos nacionais entre a baixa nobreza e os camponeses, os órgãos austríacos do poder conseguiram provocar choques entre destacamentos de tropas da baixa nobreza sublevada e dos camponeses revoltados. Depois de esmagada a insurreição em Cracóvia, o movimento dos camponeses da Galícia também foi barbaramente reprimido. Em novembro de 1846 a Áustria, a Prússia e a Rússia assinaram um tratado segundo o qual a Cracóvia foi incorporada à Áustria. [Nota da edição alemã de 1970.]